Ruby Nelson: Das Tor zur Unendlichkeit

RUBY NELSON

DAS TOR ZUR
UNENDLICHKEIT

Aquamarin Verlag

Titel der amerikanischen Originalausgabe:
The Door of Everything

© De Vorss & Co
Marina del Rey, USA

Übersetzung aus dem Amerikanischen:
Martha Kremer

Das Titelbild zeigt ein Gemälde von
Josef Tronsberg†

3. Auflage 1999
© Aquamarin Verlag,
Voglherd 1 · D-85567 Grafing

Druck: Wiener Verlag, Himberg
ISBN 3-922936-48-2

INHALT:

Ode des Salomon

Ich wurde gekrönt durch meinen Gott,
mit einer lebendigen Krone ...

Mein Antlitz und Aussehen waren das
eines neuen Menschen

Und der Gedanke der Wahrheit leitete mich.

Ich folgte ihm nach
und verirrte mich nicht.

Und alle, die mich sahen,
waren voll Verwunderung
und sie betrachteten mich
als einen fremden Menschen.

Und Er, der mich kennt und nährte,
ist der Höchste in Seiner Vollkommenheit.
Und Er verherrlichte mich
durch seine Freundlichkeit,
und er erhob meine Gedanken zu den Höhen
Seiner Wahrheit.

Und dort offenbarte Er mir den Weg
Seiner Wahl,
und ich öffnete die Tore,
die zuvor geschlossen waren.

Und ich zerbrach die Eisenstangen
zu Stücken;
doch das Eisen schmolz dahin
und löste sich vor mir auf.

Nichts erschien mir verschlossen,
denn ich war das
Tor zur Unendlichkeit.

Ode des Salomon

Teil I

DIE VISION

I.
DAS VATER-BEWUSSTSEIN

Geh mit mir – Ich bin die leitende Stimme
des Vater-Bewußtseins im Zentrum deiner
Seele – und Ich werde dich sanft vorwärts-
führen und deine Gedanken zu den Höhen
der Wahrheit erheben.

Ich bin das Licht des Lebens in dir und Ich
habe weitergeleuchtet durch all die Dunkelheit deiner vielfältigen Erfahrungen, doch
deine Dunkelheit hat mich nicht verstanden.

Ich bin auch das Licht der Welt und die
Kraft, aus der sie geschaffen wurde. Der
Schein trügt, Ich bin nicht ein fauler Gott,
der die Welt schuf und sich ausruhte, sich
weiterhin ausruht, gleichgültig gegenüber
dem Schicksal der vielen Seelen, die Ich erschuf. In Wahrheit bin ich immer bei dir, wo
immer du bist, denn in mir lebst du und bewegst du dich und bist du.

Wenn du dir meiner Gegenwart bewußt
bist, so schaue offen in mein Gesicht; dehne
deinen Verstand und dein Herz aus und
schaue mich an, lange, gründlich, mit einem
unabhängigen Blick. Ich werde überall sein
und deinen Blick erwidern. Schaust du den
Himmel an, so weißt du, daß Ich blau bin.

11

Schaust du die Nacht an, so weißt du, daß Ich schwarz bin; schaust du ein Blatt an, so weißt du, daß Ich grün bin. Wenn du in die Mittagssonne blickst, blende Ich dich mit meiner Helligkeit. Schaust du in die Augen deines Ehemannes oder deiner Ehefrau, siehst du mich zwinkern.

Schaust du den Boden an, auf dem du stehst, so weißt du, daß er heilig ist. In jedem Staubkorn unter deinen Füßen offenbart sich mein Bewußtsein, das sich in der Materie verkörpert; und in der mikro-kosmischen Struktur dieses Staubkorns findet sich das vollständige Urmuster meiner allumfassenden Vollkommenheit wieder. Könntest du dieses Staubkorn mit erweiterter Wahrnehmung anschauen, würdest du erkennen, daß in ihm mein ewiges Licht schwingt.

Dieses strahlende Licht meiner Gegenwart ist in allen Dingen, von den kleinsten Unkräutern über die stattlichen Bäume, bis zu gewaltigen Sternensystemen, die die Unendlichkeit des Weltraumes durchziehen. Das auf deinem Schoß zusammengerollte Kätzchen ist genauso ein Teil von mir wie das Kind auf deinen Knien, und was immer du einem der Geringsten von ihnen antust, das tust du auch mir an.
Normalerweise wirst du nicht an mich denken, wenn du solche gewöhnlichen Dinge

wie Unkräuter, Bäume oder Kinder anschaust. Du denkst eher an mich, wenn Teleskope in die Tiefen meines unbegrenzten Kosmos hineinspähen und berichten, wie ehrfurchteinflößend weit die Sterne, Galaxien und kosmischen Wolken entfernt sind, oder wenn du hörst, daß rätselhafte Erzählungen über andere Dimensionen, andere Welten von Mund zu Mund gehen. Ein Kind, sagst du, oder ein Unkraut oder ein Baum ist nur etwas aus dem Staub der Erde Geformtes. Was aber ist dieser Erdenstaub anderes als ein Teil jenes ehrfurchteinflößenden Kosmos, der dich soeben an mich erinnerte? Was ist es, das bei einem Kind weniger Ehrfurcht erweckt als bei einer Milchstraße, außer dem Größenunterschied natürlich? Nähmen wir die Größe als Maßstab, so hätten wir vielleicht vor dem Kind die größte Ehrfurcht, weil so viel von meinem Licht in solch einem lebendigen Bündel enthalten ist.

Wenn du dich verloren und verzweifelt fühltest, dich nach einem Zeichen von mir gesehnt hast, warst du umgeben von einzigartigen Beweisen für Schönheit, Wachstum und Farbe; aber du hast nicht erkannt, daß sie von mir stammen. Es stimmt, meine Gestalt ist dir vertraut, und du hast sie jeden Tag gesehen. Ich baute deine Welt aus meinem eigenen Geist und füllte sie mit meiner allesdurchdringenden Gegenwart, auf daß du unbestreitbar wüßtest: in mir lebst du und bewegst du dich und bist du.

Und in dir lebe Ich und bewege Ich mich und *bin Ich*.

Du suchst ständig an tausend verschiedenen Stellen nach mir, findest Teilinformationen über mich, wo immer du hinschaust, obwohl die meisten sich als ungreifbar und unvollständig erweisen und den Weg zum unmittelbaren Bewußtsein meiner Gegenwart nicht aufzuzeigen vermögen. Nichtsdestoweniger bringt dich die Ruhelosigkeit in deiner Seele dazu, die Suche weiterzuführen; tief in deinem Herzen hast du die drängende Gewißheit, das Einssein mit mir könne verwirklicht werden. Doch immer wieder scheint es, als entzöge Ich mich, als bliebe Ich knapp außer Reichweite und als lockte Ich dich für eine Weile weiter, um dich dann alleinzulassen in einer Sackgasse von Wirrnissen und Enttäuschung.

Ich bin dir die ganze Zeit so nahe, daß du mich übersehen hast. Du hast mich solange als selbstverständlich hingenommen, bis du mich nicht mehr wiedererkanntest. Während du draußen nach mir suchst, verstecke Ich mich in deinem Verstand, in deinem Herzen, in deiner Seele; Ich verstecke mich in dem Bewußtsein, das in deinem Innern ist. Denn Ich bin dein Brunnen lebendigen Wassers, dein Reservoir an Lebenskraft, und wenn du lernst, lebhaft und wissentlich aus meinen Mitteln zu schöpfen, werden diese zunehmen und sich vermehren, bis dein ganzes Wesen in ein Gefäß umgewandelt wird, das ständig von heiliger Strahlung überläuft.

Meine Gegenwart als dein inneres Bewußtsein ist genauso unendlich wie meine nichtendende Gegenwart im Kosmos, der dich umgibt.

Wie ein Eisberg im Meer, von dem neun Zehntel unsichtbar sind, lebe Ich in dir in Form von Verstand und neun Zehntel von mir sind unter deinem Gewahrsein versenkt. Die Ausdehnung eines Eisberges unter Wasser ist ebenso wirklich wie die Spitze, die über die Oberfläche hinausragt; und die Ausdehnung des Verstandes, der unter deiner bewußten Wahrnehmung existiert, ist ebenso wirklich wie der Oberflächen-Verstand, mit dem du denkst.

Der verdeckte Verstand ist wie eine gesunkene Schatztruhe, die, bis zum Rand mit Wundern gefüllt, darauf wartet, daß du sie entdeckst und sie an die Oberfläche ziehst. Meistens liegt sie vernachlässigt und unberührt da, obwohl Ich in ihr all meine Kräfte gelagert habe, all meine Weisheit; alle Wahrheiten im Kosmos; die Aufzeichnung der gesamten Existenz; die Kraft, die belebt und vervollkommnet; den Frieden, der über das Verstehen hinausgeht; die Liebe, die alles erobert.

Dieses noch unerschlossene Bewußtsein ist dein Zentrum göttlicher Weisheit, ein Bereich des Verstandes, der nicht im üblichen Sinne des Wortes denkt – er weiß. Sein Wesen ist rein und heilig, es ist nie von beschränkten oder negativen Meinungen berührt worden; es ist ein lebendiger Teil von mir. Wenn du gelernt hast, diesen Verstand aus der Versenkung emporzuheben und ihn mit deinem Oberflächen-Verstand zu integrieren, wird dein ganzes Wesen seine heilige Natur annehmen, und du wirst herausfinden, daß es in der Tat – wie Jesus lehrte – keine Anmaßung ist, Gott gleich zu sein.

Dein verdeckter Verstand dehnt sich bis in den zentralen Bereich des Gefühls, das Herz, aus. Ich lebe auch in deinem Herzen als Reservoir unermeßlicher Liebe. Deine Hoffnungen und Träume und deine hochgreifenden Ziele entspringen diesem Gefühlsreservoir; sie sind das Echo meiner noch leisen Stimme, die an deine Oberfläche dringt, wie Musiktöne aus der Stille, und dich immer weiter anspornt, deine verborgenen Fertigkeiten und Talente zu einem fruchtbareren Ausdruck zu bringen.

Unglücklicherweise jedoch ist in deinem zentralen Gefühlsreservoir vieles mehr als Hoffnungen und Träume und hochgreifende Ziele geboren worden. Denn Verstand und Herz haben stets zusammengearbeitet, um eine mächtig wirksame Kraft zu bilden. Vereinigt sich ein Gedanke mit Gefühl, so löst sich Aktivität aus, und es werden Dinge hervorgebracht. Je intensiver das Gefühl, desto größer ist seine wirksame Kraft.

So einfach es klingen mag: Dies ist der einzige Grund, warum die vielen Arten von Sorgen entstanden sind, die die Welt quälen.

Meine Kinder haben ihre Gedanken mißbraucht, sie haben ihre Gefühle mißbraucht. Sie taten es natürlich auf unschuldige Weise, denn sie wußten nichts von den mächtigen Kräften, die in Bewegung gesetzt werden, wenn Gedanken und Gefühle sich vermischen.

Durch diesen Mißbrauch von Gedanken und Gefühlen wurde mein Planet Erde entstellt. In Wirklichkeit ist er eine vollkommene Welt, die ich mit zärtlicher Fürsorge vorbereitete und mit meiner Gegenwart erfüllte. Gedanken und Gefühle sind jedoch lebendige Kräfte, und da meine Kinder ihr Denken auf unvollkommene Ebenen herabsinken ließen, wirken nun unvollkommene Bedingungen. Sie prallen vor und zurück und liegen über meinem schönen Planeten wie ein düsteres Spinnengewebe.

Dieses überhängende Gewebe von zerstörerischen Kräften ist bloß die Miß-Gestaltung des Oberflächen-Verstandes, jener strikt-menschlichen Seite des Verstandes, die sich vom Vater-Bewußtsein wegentwickelte und die meine Schatztruhe an Weisheit unterhalb der Bewußtseinsebene liegen ließ.

Jesus nannte dieses Gewebe von Miß-Gestaltung "Schein". Er wußte, daß es keine Grundlage in der Wirklichkeit hatte, und er lehrte die Menschen der Welt, nicht nach dem Schein zu urteilen. Er wußte, daß die Miß-Gestaltung ihre Macht allein aus dem Oberflächen-Verstand bezieht, der an negative Bedingungen glaubt und Angst vor zerstörerischen Kräften hat.

Er wußte auch von diesem verdeckten Zentrum des Göttlichen Allwissens, das lebendiger Teil einer jeden Seele auf der Welt ist. Er nannte dieses Zentrum das Vater-Bewußtsein und lehrte, daß Er, der in dir ist, stärker ist als jede äußere Macht. Die schöpferische Kraft der Gedanken und Gefühle, die ihren Ursprung in dem noch unerschlossenen Verstand hat, ist zehntausendmal stärker als die schöpferische Kraft der Gedanken und Gefühle, die dem Oberflächen-Verstand entspringt.

Deshalb können die negativen Kräfte, die in der Miß-Gestaltung ungezähmt herumschwirren, von jedem überwunden werden, der lernt, den Oberflächen-Verstand in das heilige Vater-Bewußtsein zu integrieren.

Als Ich dich nach meinem Bild und Ebenbild erschuf, machte Ich dich vollkommen und setzte dich in eine vollkommene Welt. Ich gab dir einen Verstand, der *ganz* ist; er ist Eins mit mir. In diesem einen Verstand sind jedoch viele Schwingungsarten enthalten, die sich in viele Bewußtseinsebenen auffächern.

Auf dem Gipfel der höchsten Ebene menschlichen Bewußtseins gibt es ein "Tor", du kannst hindurchschlüpfen und bist dann frei von allen Einflüssen, denen du im Bereich der Miß-Gestaltung unterliegst.

II.
DIE MISS-GESTALTUNG

Das Gewebe menschlicher Miß-Gestaltung
"Schein" zu nennen, bedeutet nicht, daß es
nur eingebildet ist. Es ist in der Tat wirklich,
schmerzlich – manchmal unmenschlich –
wirklich und wirksam. Das Gewebe von kol-
lektiven Kräften schließt viele Erfahrungen
ein, die als zum Leben gehörig akzeptiert
worden sind: Kriege, Konflikte, Gewalt,
Streit und Wirrnisse jeder Art, Armut,
Krankheit, Alter, die Zyklen von Tod und
Wiedergeburt, das Ringen der Menschheit,
sich selbst und das Universum zu verstehen.

Solche Unvollkommenheiten sind allgemein
fraglos angenommen worden, und sehr wenige meiner verirrten Kinder haben versucht, Vollkommenheit durch die Einsicht zu
erreichen, daß Ich bereits jedem Einzelnen
einen Verstand gegeben habe, der um alle
Dinge weiß, und der alle Macht hat, sowie
eine Lebenskraft, die nicht altern kann, da
sie die Essenz ewiger Jugend ist.

Anstatt diesen Punkt der Verwirklichung zu
erreichen, denken einige meiner Kinder, Ich
hätte sie in die versengenden irdischen Erfahrungen geworfen, damit sie lernen könn-

ten, Leiden und Nöten zu begegnen und mit ihnen zu leben. Einige denken, Ich würde sie auf diese Weise für ihre Sünden aus der Vergangenheit bestrafen. Andere glauben, daß Ich durch langsames Ausprobieren im Sinne des "Leiden leitet" versuche, vollkommene Wesen zu formen, daß Ich hier ein bißchen gestalte, dort ein bißchen abrunde, anderswo ein wenig ordne, ein Prozeß, der Tausende von Leben weitergehen soll und während dessen jeder so geformt wird, wie Ich es will. Wieder andere meinen, daß Ich prüfe, ob sie es wert sind, nach ihrem Tod den Himmel zu erben. Sind sie als nicht würdig befunden worden, heißt es, daß Satan die Seele erben wird, und diese für immer in einem See von Feuer und Schwefel gefoltert wird.

All diese Geschichten sind Produkte des Oberflächen-Verstandes, Fehlinterpretationen meines Wortes. Jesus kam in die Welt, um den Menschen von solchem Glauben zu befreien, um meinen Kindern mitzuteilen, daß sie so sind, wie sie in ihrem Herzen denken.

Wie denkst du "in deinem Herzen"? Ist das nicht der Bereich tiefer Gefühle, allgemein als Unterbewußtsein bekannt, der völlig bestimmt wird von vergangenem Geschehen, von Ängsten und Zweifeln und unerfreulichen Erinnerungen, von einer Mischung aus Gut und Böse, bis die meisten deiner Aktionen und Reaktionen automatische Gewohnheiten geworden sind? Dieses "Herz" ist ein sehr wichtiges Zentrum, das es zu verstehen gilt.

Es ist wie ein weites Reservoir, das ständig mit all dem gefüllt wird, was du durch deinen Oberflächen-Verstand hineingießt. Die Qualität der Ideen in deinem persönlichen Reservoir bestimmt die Qualität deiner Taten und Reaktionen. Hast du dein Reservoir mit dem allgemein angenommenen menschlichen Glauben an Begrenzung gefüllt, so bist du in all deinem Handeln begrenzt. Doch wenn du bereit bist, dein Herz leer zu machen, damit Ich es mit ewiger Wahrheit füllen kann, wirst du eine Transformation erfahren.

Dein Herz ist dein schöpferisches Zentrum. Es ist wie ein mächtiger Motor, der die Gedanken und Emotionen, mit denen du ihn füllst, in äußere Form umwandelt. Warum sind z.B. die Dinge, die Hiob fürchtete, über ihn gekommen? Er grübelte über seine Ängste nach, und sie waren so lebendig und so intensiv für ihn, daß sie sich mit seinen Gefühlen vermischten und in das kreative Reservoir fielen, wo sie genau in die Substanz des Bildes aus seinem Oberflächen-Verstand umgewandelt wurden. Diese Ausstattung deines Herzzentrums ist kein bizarrer Fehler meiner Schöpfung. Es war meine Absicht, daß die Wünsche deines Herzens immer erfüllt würden. Wenn du beharrlich bist und deine Sehnsüchte intensiv sind, kann bei richtiger Nutzung dieses kreativen Reservoirs alles, was der Vater hat, in deinem eigenen Leben manifestiert werden.

Da Ich jedoch nur Vollkommenheit schuf, war es nicht meine Absicht, daß du deinen Verstand mit Bildern des Übels fülltest, und diese in das kreative Reservoir fallen ließest, aus dem sie, manifestiert in äußeren Kräften, über die du keine persönliche Kontrolle hast, zu dir zurückkehrten.

Dein immer-wirksames Herzzentrum arbeitet auf automatische Weise. Es projiziert gewissermaßen eine „Form" in meine unerschaffenen spirituellen Elemente hinein, und diese Form nimmt die Gestalt dessen an, das immer im Oberflächen-Verstand stark visualisiert wurde. Das Herzzentrum siebt Erfahrungen nicht aus und materialisiert nicht nur das, was für dich gut ist. Denn der Oberflächen-Verstand ist der Sortiermeister, und wenn ein Bild einmal in die Gefühle hineingefallen ist, und es dort festgehalten wurde, findet die Manifestation des wahrgenommenen Bildes automatisch statt.

Deshalb ist ein „Leeren" deines Oberflächen-Verstandes wesentlich, damit du fähig
wirst, die Vollkommenheit meiner Schöpfung zu realisieren und zu erfahren. Kreati-
vität ist ein fortlaufender Prozeß, und Ich
habe dich so geschaffen, daß du alles haben
kannst, was du „fühlst". Deshalb kannst du
vollkommene Einheit mit mir genauso
schnell erleben, wie du eine äußerste Empfindung der Trennung von mir erlebt hast.

Das Geheimnis liegt darin, daß du den
Punkt, auf den deine Aufmerksamkeit gerichtet ist, kontrollierst. Alle meine Kinder
sind göttliche Wesen, mit schöpferischer
Kraft ähnlich meiner eigenen versehen, und
durch das Kontrollieren des Punktes, auf
den die Aufmerksamkeit bewußt gerichtet
wird, können alle die Miß-Gestaltungen
ebenso leicht ausgelöscht werden, wie sie
hervorgebracht wurden.

Es hat mir nicht gefallen, daß du unter den
unerfreulichen Erfahrungen littest, die
durch Fehldenken erschaffen wurden, und
Ich habe keine strengen Gesetze aufgestellt,
die fordern, daß du die Folgen deiner Fehler
annimmst.

Stattdessen habe Ich versucht, dir zu sagen,
daß Ich Sünden augenblicklich verzeihe, die
vielen Folgen falschen Denkens aufhebe, dich

durch jenes „Tor" im Verstand leite und dich mit anderen im Schatten meiner schützenden Arme versammle, sobald du deine Hand ausstreckst und mich wissen läßt, daß du bereit bist.

Wäre dies nicht wahr, so wäre Jesus gezwungen gewesen, sich von vielen ihm vertrauenden Seelen abzuwenden, die zu ihm kamen und glaubten, er könne ihnen helfen. Wahrscheinlich hätte er dann Maria Magdalena etwa folgendes gesagt: „Es tut mir leid, Maria, aber du bist wirklich ein lüsternes Weib. Du wirst früher oder später das ernten müssen, was du gesät hast. Laß dich halt steinigen und bringe es hinter dich."

Natürlich sprach er nicht so. Er kannte genau meinen Willen und meine Macht, alle in Aktion befindlichen unvollkommenen Kräfte aufzuheben. Wohl wußte er, daß Maria meine geliebte Tochter war, und Ich nur darauf wartete, sie weiß wie Schnee zu machen, obwohl ihre Sünden wie Scharlach waren.

Genauso ist es mit dir. Solange dein Oberflächen-Verstand zwischen den Polen von Gut und Böse hin- und hertreibt, und deine Gefühle von dieser Oberflächenmixtur geprägt werden, erntest du, was du gesät hast. Sobald du die Wahrheit über meine ewige

Vollkommenheit akzeptierst und lernst, den Oberflächen-Verstand zu meistern, womit du gleichzeitig das Gefühlsreservoir kontrollierst, wird deine Bewußtseinsebene zu jenem transzendenten Gipfel erhoben, auf dem alle üblen Bedingungen unter die Herrschaft meines Lichtes fallen.

Jesus lebte auf dieser hohen Bewußtseinsebene, jenseits des „Tores". Von dieser erhabenen Ebene aus war er fähig, den Schein der Miß-Gestaltung auszulöschen und die Vollkommenheit für meine leidenden Kinder wiederherzustellen. Er hat nicht nur den Tod seines eigenen Körpers überwunden, er erweckte Körper anderer zum Leben, die gestorben waren.

Lazarus war ein sehr lieber Freund, und Jesus lehrte ihn, Maria und Martha meine kostbarsten Wahrheiten. Lazarus hätte den Tod selbst überwinden können, hätte er diese Wahrheiten gründlich genug angenommen, um sie in seinem kreativen Gefühlsbereich wirksam werden zu lassen. Er akzeptierte diese Lehren mit seinem Oberflächen-Verstand, doch sie waren nicht in unbewußte Tiefen gedrungen. Er hatte das Gefühl der Wahrheit nicht vollständig genug erfaßt, so daß es in sein Herzzentrum fallen und als die Realität seiner Erfahrungen manifestiert werden konnte. Sein Un-

26

terbewußtsein hortete noch den alten Glauben, daß Tod und Grab notwendige Etappen auf der Straße zur Ewigkeit seien. Deshalb starb er wie alle, die an diesem Glauben festhalten, da es so viele Beweise für ihn gibt. Jesus weinte, weil Lazarus im Besitz der Wahrheit war, die die Menschen von den irdischen Gesetzen befreit, und weil er sich trotzdem als unfähig erwies, das Alte lange genug loszulassen, um sich das Neue anzueignen.

Lazarus erntete, was er im Unterbewußtsein gesät hatte; das irdische Gesetz von *Ursache-und-Wirkung* hatte seine zerstörerische Arbeit getan. Dennoch hielt dies Jesus nicht auf. Meine Macht im Innern ist immer stärker als irgendeine äußere Macht. Als Jesus sprach: „Lazarus, komm heraus", wurde das Gesetz von *Ursache-und-Wirkung* aufgehoben, und sogar die zerfallenden Körperzellen antworteten auf sein nicht ausgesprochenes Anerkennen meines allgegenwärtigen Lebens.

Als er einmal über eine Reihe von Galiläern befragt wurde, die vernichtet worden waren, antwortete Jesus: „Denkt ihr, daß diese Galiläer, weil sie solches erlitten haben, größere Sünder waren als alle anderen Galiläer? Ich sage euch: Nein. Doch wenn ihr nicht bereut, werdet ihr alle ebenso zugrundegehen. Oder diese achtzehn, auf die der Turm von Siloam fiel und sie tötete, denkt ihr, daß sie größere Sünder waren als alle Menschen, die in Jerusalem leben? Ich sage euch: Nein. Doch wenn ihr nicht bereut, werdet ihr alle ebenso zugrundegehen."

Es sei denn, daß du bereust - es sei denn, daß du umkehrst, genau wo du jetzt bist, und daß du deine Gedanken und Gefühle zum positiven Pol wendest; andernfalls werden die Wellen negativer Reaktionen früher oder später auch für dich Verderben bedeuten.

Sobald du dich weigerst, vom Gewebe der Miß-Gestaltung geblendet zu werden und aufhörst, deine ungeordneten Gedankenkräfte zu benutzen, um dieses Gewebe aufrechtzuerhalten, wird es sich vor dir auflösen - erst individuell, dann kollektiv - und du wirst befreit und ins gelobte Land des Guten erhoben werden.

Dann wirst du mich sehen wie Ich bin, und du wirst endlich wissen, daß es nie mein Wille war, dich in der sengenden Glut irdischer Wirrnisse leiden zu lassen. Du warst immer bereit - oder etwa nicht? - an einen Gott zu glauben, der allwissend und allmächtig ist. Warum solltest du dann zu dem Denken irregeführt werden, daß Ich unfähig war, dich vollkommen zu gestalten, als Ich dich schuf. Mußte Ich dich etwa halbfertig zurücklassen, als eine schwache, unbeschützte Kreatur, die oft unfähig ist, mit ihrer Umgebung fertig zu werden?

Die Wahrheit ist, daß Ich dich nach meinem Bild und Ebenbild erschuf, und du bist dazu bestimmt, diese Gleichheit in ihrem vollsten Maße zu verwirklichen. Das fehlende Glied in dieser Verwirklichung ist der Oberflächen-Verstand gewesen und seine Tendenz, auf die falsche Richtung eingestellt zu bleiben.

Ich stehe klopfend an der Tür deines Bewußtseins. Wenn du dich nur mir zuwendest, dich leer machst, um meinen Geist zu empfangen, werde Ich so viel Licht in dein Herz-Reservoir gießen, daß es alle Tage deines ewigen Lebens vor Güte und Gnade überfließt.

Die Macht dieses Lichtes kann dein unterbewußtes Gefühlsreservoir zu seiner ursprünglichen Reinheit erheben und dadurch deine Reaktionen veredeln. Sie kann dich veranlassen, die lebendige Krone des Lebens aufzusetzen, das Gesicht und Aussehen einer neuen Person zu bekommen und das Tor im Bewußtsein zu öffnen, das dir bis jetzt versperrt war. Wenn dies geschieht, wird die alte Lebensordnung vergehen; das Gewebe der Miß-Gestaltung, das so unüberwindlich schien wie einzäunende eiserne Gitterstäbe, wird schmelzen und sich vor dir auflösen. Diese Erneuerung hängt nicht von Zeit oder Raum ab, sondern einzig von deinem Annehmen und Anwenden der Wahrheit, daß du wirklich nach Bild und Ebenbild deines Gottes geschaffen bist.

III.
DAS GROSSE KOSMISCHE WESEN

Als Ich dich nach meinem Bild und Ebenbild erschuf, stattete Ich dein Wesen mit dem größten Geschenk aus, das Ich zu vergeben hatte. Leider ist dieses größte Geschenk selten angenommen oder verstanden worden.

Denn Ich liebte die Welt so sehr, daß Ich ihr meinen eingeborenen Sohn gab, so daß, wer auch immer an ihn glaubte, nicht zugrunde ginge, sondern ewiges Leben habe.

Es ist ein allgemein angenommener Glaube, daß Jesus mein eingeborener Sohn war. Einige von euch wurden belehrt, wenn ihr glaubtet, Jesus sei der eingeborene Sohn des Vaters, würdet ihr nicht zugrundegehen, sondern nach eurem Tode ewig leben.

Die tatsächliche Wahrheit ist, daß der „Eingeborene Sohn des Vaters" ein *Großes Kosmisches Wesen* ist, ein vollkommener Mann oder eine vollkommene Frau, ein strahlendes Abbild meiner Herrlichkeit, in Gewänder von schimmerndem Licht gekleidet, ein göttliches Ideal, das den Kosmos als seinen Lebensraum fordert, und das mit der Geschwindigkeit von Gedanken kommt und

31

geht. Es ist ein fröhliches Wesen, dessen Schwingung zum Grad meiner Schwingung beschleunigt wird, und dessen Bewußtsein meine Unendlichkeit berührt - der *Lebendige Christus.*

Ja, Ich liebte die Welt und all meine Kinder in ihr so sehr, daß Ich jedem einzelnen von euch dieses wundervolle Geschenk gab - Ich erschuf euch nach dem Urmuster des lebendigen Christus. Mein einziges Gebot an euch war, daran zu glauben und dementsprechend zu leben.

So einfach, so leicht. Mein Bild und mein Ebenbild in jeden einzelnen von euch gelegt als euer Kern, euer wirklicher Verstand und eure Seele, und alles, was ihr zu tun habt, ist an euer eigenes Selbst zu glauben.

Wie lange muß Ich noch warten, bis ihr lernt? Oh meine Kinder, ihr alle könntet euch einer gewaltigen Kavalkade von majestätischen göttlichen Wesen anschließen, die sich auch jetzt freudejauchzend durch die Tiefe schwingen, doch ihr wollt es nicht.

Obwohl der Geist und die Braut sagen: Kommt, und jeder der hört, kommen könnte, wollt ihr nicht. Nutzloser Zeitvertreib mit irdischen Beschäftigungen nimmt euch zu sehr in Anspruch, um auf den Ruf zu hören.

Wärst du lange genug still, um den Ruf zu vernehmen, würdest du wahrscheinlich zweifeln und denken, es sei zu schön um wahr zu sein.

Trotz deiner Zweifel ist jener verborgene Geist von göttlicher Heiligkeit ein lebendiger Teil von dir. Dein verschmutztes Gefühlsreservoir enthält genug Macht, Berge zu errichten und mein Bild ist deine Identität, denn Ich bin wirklich dein Licht des Lebens.

Wenn du meinen Worten nicht glaubst, versuche an das *Große Kosmische Wesen* zu glauben, versuche Seine Wirklichkeit in deinem Innern zu spüren, und du wirst selbst sehen.

Das ist es, was Jesus tat, und als du gelehrt wurdest, denselben Verstand in dir wirken zu lassen, der auch in Jesus dem Christus war, wurdest du nicht angewiesen, zu versuchen, diesen Verstand zu entwickeln oder ihn zu entfalten oder ihn zu erschaffen: Du solltest ihn einfach nur erwecken und ihn sich ausdrücken lassen.

Als Jesus erfuhr, daß göttliches Allwissen der Kern eines jeden ist, hielt er sein Leben in andächtiger Stille, bis er sich meiner Gegenwart bewußt war. Dann schlug er seinen Wohnsitz bei mir auf und begann All-Wissen, All-Liebe und All-Macht zu erleben. Es bestehen keine Gesetze, die sagen, du könntest nicht das Gleiche tun. Meine heiligen Gesetze sagen in der Tat: Du kannst; und Ich warte mit ausgestreckten Armen, bis du es tust.

Ich weiß: Meine Worte scheinen widersprüchlich zu sein. Wenn Jesus seine Identität als der *Lebendige Christus* forderte und ein *Großes Kosmisches Wesen* wurde, das alle Dinge weiß und alle Macht besitzt, wieso starb er dann einen so schmerzvollen Tod am Kreuz? Was geschah mit der Güte und der Gnade, die Ich versprochen habe, all denen zufließen zu lassen, die sich mir zuwenden? Wer will sein Christsein verwirklichen, wenn es scheint, als vermehre das die Gefahren, die es zu bestehen gibt?

Dies sind tatsächlich angemessene Fragen, und sie verdienen es, beantwortet zu werden.

Wie du bereitwillig zustimmen wirst, war Jesus der größte Offenbarer der Wahrheit, der je auf Erden lebte. Nicht, daß er der einzige gewesen sei; es gab Tausende andere. Einige von ihnen leben heute, doch er ist das höchste Beispiel. Er brachte das größte Opfer von allen. Er tat es aus freien Stücken. Er wußte, was kommen würde. Er hielt seine schon beschleunigte Schwingung auf menschlicher Ebene zurück und erlaubte, daß es geschah. All dies tat er aus seiner großen Liebe zu euch.

Ja, Jesus liebt euch ebenso wie Ich euch liebe, trotz der Tatsache, daß ihr so schwer zu belehren seid. Dem menschlichen Teil des Verstandes widerstrebt es, das Alte abzulegen und sich nach dem Neuen auszustrekken, sogar wenn das Neue genau das ist, nach dem er sich gesehnt hat.

Wäre dem nicht so, wäre das Opfer, das Jesus brachte, nicht notwendig gewesen. Er hätte überhaupt nicht zu sterben brauchen. Er hätte euch einfach sagen können: Durch die Gnade des Heiligen Geistes erwarte Ich von euch, Meister über die Elemente zu sein, Meister über euren Körper, jede einzelne Zelle so vollständig zu verwalten, daß ihr sie auferwecken könntet, selbst wenn sie im Zustand des Verfalls wäre. Nein, es war notwendig zu zeigen, daß dies möglich ist, und Jesus machte es bereitwillig durch, um es der Welt zu offenbaren.

Trotz seines Liebesopfers haben viele die Botschaft nicht verstanden. Jesus war der Sohn Gottes, sagst du, ein Mensch von jungfräulicher Geburt, und das macht ihn anders. Du meinst, als gewöhnlicher Sterblicher, geboren aus dem Fleisch, könnte von dir niemals erwartet werden, „unmögliche" Taten zu vollbringen, wie es der Sohn Gottes getan hat. Es liefert dir eine perfekte Entschuldigung, dies nicht zu versuchen.

Doch du läßt das Liebesopfer deines größten Lehrers verfallen. Jedesmal, wenn du dich abwendest und dich nicht um das Beispiel kümmerst, das er gab, damit alle es befolgten, schlägst du weitere Nägel ins Kreuz. Du kreuzigst aber nicht ihn, sondern dein eigenes Selbst, immer und immer wieder.

Denn du bist genauso sicher ein Sohn Gottes wie Jesus es ist. Die Seele in jedem von euch ist ein lebendiger Teil von mir. Sobald du sie in vollem Ausdruck hervortreten läßt, wird dein Körper so unzerstörbar sein, wie der deines größten Lehrers es war. Du kannst kommen und gehen wie der Wind, und keiner wird wissen, woher und wohin, genauso wie es bei Jesus war. Denn dein Körper wird in einen schnell-vibrierenden Organismus umgewandelt werden, der die gewaltige Kraft meines Heiligen Geistes aufnehmen kann. Solltest du wählen, das Opfer von Tod und Auferstehung zu bringen, um die Wahrheit des ewigen Lebens zu offenbaren, du wirst reichlich belohnt werden. Dieses Opfer, das dem ungläubigen Oberflächen-Verstand der Menschheit Beweise erbringen soll, wird in deiner Seele so viel Liebe freisetzen, daß du auf dieser Liebe ein Sonnensystem tragen könntest, und sie würde immer noch weiter hervorströmen und sich hinaus in die Tiefe ergießen.

Der menschliche Verstand urteilt nach dem Schein, und wenn du dieses Opfer bringst, wird er dich wahrscheinlich bemitleiden, da es mit dir ein so schlimmes Ende nimmt. Der menschliche Verstand neigt auch dazu, das Leiden nachdrücklich zu betonen, indem er darauf hinweist, wie alle Heiligen gelitten haben. Dabei ist es ihm völlig unbewußt, daß der Mensch das Leiden durch seine Nichtbereitschaft zu glauben verursacht. Er bemerkt auch nicht, daß mein Geist mit einem Heer von himmlischen Engeln zur Stelle ist und denjenigen mit Belohnungen überreichlich beschenkt, der ein Opfer bringt, um anderen damit ein Zeichen zu setzen.

Zusammen verlassen wir den Schauplatz und erfreuen uns an der vollbrachten Arbeit, denn wir wissen sicher, daß eines Tages die ganze Menschheit durch den Schein hindurchsehen und mein Licht erblicken wird. Ein neues Zeitalter des Verstehens dämmert bereits über meinem schönen Planeten Erde. Viel Aberglaube und falsche Auslegungen fallen beiseite, während zahlreiche

Gemüter sich nach oben zu einer neuen Bewußtseinsebene hinbewegen. Auf dieser Ebene versuchen sie nicht länger jemanden, der meine Macht offenbart, anzugreifen und zu mißhandeln. Sie mögen ihn ignorieren und seine Worte der Wahrheit nicht anerkennen, da diese Worte so einfach sind, doch diese Reaktion ist ein Fortschritt, eine Erhebung über jene Bewußtseinsebene hinaus, auf der sie sich ihm mit gewaltsamer Absicht näherten.

Die schwierigste Aufgabe, der der Oberflächen-Verstand sich stellen muß, um meinem Willen zu entsprechen, ist die, weltweit als Wahrheit anerkannte Ideen abzuwerfen und so 'unwahrscheinliche' Ideen zu übernehmen, wie den Glauben an unbegrenzte innere Kräfte und ewiges Leben für alle.

Meine unglücklichen Erdenkinder sollten sich freuen, wenn sie die guten Nachrichten vernehmen, die in der Botschaft des Christus enthalten sind. Doch einige verwerfen diese Botschaft, entweder aus Angst oder Zweifel, oder weil es eine zu große Anstrengung erfordert, alte Meinungen aus dem Bewußtsein zu verbannen. Nichtsdestoweniger ist es dieser alte Glaube an Vermischung von Gut und Böse, der den Christus-Geist unterdrückt, und der dich davon abhielt, viel eher in mein Königreich erhoben zu werden. Ihr solltet froh sein, diese überholten Meinungen für etwas Besseres fallen zu lassen. Es sind dieselben Meinungen, an die man sich – mit Abweichungen hier und da - geklammert hat, die herumgereicht wurden, und die von Generation zu Generation weitergegeben wurden, ohne daß viel Aufklärung hinzugefügt wurde.

Es war üblich, diejenigen Ideen anzunehmen, denen man begegnete, mehr oder weniger die Wege der Vorfahren zu gehen, ohne sie überhaupt in Frage zu stellen. Dies geschah trotz der Tatsache, daß Jesus den revolutionären Weg unabhängigen Denkens offenbarte, den Weg, eure Gedankenkräfte nach den Kräften der Schöpfung auszurichten. Er meinte nicht den Weg, universelle Gesetze zu erfinden, die euch passen; sondern daß du dich vom Glauben an menschliche Unterschiede zurückziehst und dich dem Fluß der Lebensfülle anschließt, damit deine angeborene Originalität ihre Chance bekommt, sich auszudrükken und sich ewig zu entfalten.

Die Geschichte ist Zeuge, daß wenige deiner Vorfahren die Botschaft ewigen Lebens verstanden. Warum also auf ihre Methoden zurückblicken in der Erwartung, daß diese Methoden dir mehr helfen als sie ihnen nützten? Sind sie nicht zusammen in den Todesgraben gefallen, in dessen Richtung du dich bewegst, wenn du in ihre Fußstapfen trittst?

Der erste wichtige Schritt ist das Zurückziehen vom Glauben an menschliche Unterschiede, wenn du dein Bewußtseinszentrum zu dem Bereich jenseits des Tores im Verstand umstellen willst, das Tor, das in mein Königreich führt und dir die Wirklichkeit eines Paradiesgartens inmitten der Sterne eröffnet.

Stell dir vor, welch herrlicher Ort die Erde sein wird, wenn all meine Kinder die Wahrheit über ihre Beziehung zu mir erfahren und anfangen werden, sie in jeden ihrer Gedanken und Taten einzuweben. Stell dir vor, wie leicht die Leben sich verändern werden, wie leicht die Friedenstaube ihre weißen Flügel ausbreiten und sich über dem Planeten niederlassen kann.

Seht! Ich mache alle Dinge neu, auch eure Körper, meine heiligen Tempel. Sie werden ins Unsichtbare umgewandelt werden, wenn sie mit meinem Geist erfüllt sind. Denn dieser Geist ist mächtig, und nicht ein einziger Organismus kann sich öffnen, ihn zu empfangen und unverändert bleiben. Nicht ein Stein wird an seinem Platz bleiben an dem großen Tag, an dem mein Bild und die Gotteskindschaft auf Erden wachsen können. Schon jetzt beginnen einige von euch, ihr *Großes Kosmisches Selbst* zu erkennen. Während du die Lehren meines Wortes studiertest, wurdest du deinem Selbst vorgestellt. Du hast diese unsagbare Offenbarung in dein Gefühlsreservoir aufgenommen, sie in goldener Stille gehegt und sie vor allen dunklen Kräften geschützt, während sie anfing, zu ihrer Reife heranzuwachsen. Es war ein unantastbares, unbeschreibliches Etwas, eine Glut in deinem Innern wie ein leuchtender Stern, der in einem Tunnel gefangen ist. Du warst unfähig, dich darüber mitzuteilen, denn du wußtest sehr wohl, daß es nie zu der Schwerfälligkeit intellektueller Ideen reduziert werden kann.

Doch während du diese Offenbarung, dieses Christuskind der Wahrheit, in dir hegst, wirst auch du eine jungfräuliche Geburt erleben, und Ich werde dir Worte eingeben, mit denen du meine glorreiche Wahrheit von den Hausdächern der Welt verkünden kannst.

Die saftige rote Tomate auf deinem Eßtisch wäre nie erschienen, wäre nicht vorher ein Tomatensame gesät worden. Der Same wurde gesät, gedüngt, gewässert und durfte wachsen bis zum Tag seiner Reife. Dann brauchte es nur einen Moment, um die Tomate zu pflücken.

Die volle Verwirklichung deiner wahren Identität, deines Meister-Selbst, bricht nicht plötzlich über dich herein, nicht bevor die Saat der Wahrheit gesät, genährt, gehegt wurde und zu ihrer Reife heranwachsen durfte. Dies erfordert nicht tausend Jahre, es erfordert nicht hundert Jahre, es mag nur ein paar kurze Jahre dauern, ein paar Monate, einige Wochen, das hängt ganz von deiner Einstellung und der Intensität deiner Bemühungen ab.

Du verstehst natürlich, daß Ich derjenige bin, der die Arbeit der Vervollkommnung ausführt. Es ist nicht meine Absicht, anzudeuten, daß du dich selbst mit übermenschlicher Entschlossenheit verwandeln sollst. Dein Anteil besteht nur darin, zu zeigen, daß du bereit bist, mir deine Zukunft anzuvertrauen, bereit, meinen Willen geschehen zu lassen, bereit, deine Ziele mit meinem Ziel in Einklang zu bringen, indem du mein Wort verstehst und dein Herz zur Ruhe kommen läßt.

Wenn es einmal festen Fuß gefaßt hat, wächst mein Wort lebhaft in deinem Bewußtsein. Doch es bedarf einiger Pflege, um es gesund zu erhalten. Es muß mit deinem Glauben gewässert werden, sonst wird es welken und austrocknen, und es antwortet machtvoll, wenn es mit deinen Gebeten genährt wird. Doch während du weiterhin Glaube und Gebet anwendest, mußt du geduldig sein und mir das Übrige überlassen. Eine Tomate erhält ihr Wachstum nicht vom Gärtner, der sie pflegt. Das Wachstum kommt von mir. Meine Wahrheit in dir wird nicht durch deine, sondern durch meine Kraft wachsen und reifen.

Bis zu dem Zeitpunkt, an dem du bewußt und unbewußt die frohe Botschaft des Christus annimmst, wirst du weiterhin im Gewebe der Miß-Gestaltung gefangen sein. Du wirst dich auf einem Rad von *Ursache-und-Wirkung* im Kreis drehen, vom verrückten Wirbel ganz konfus, und du wirst auf den fliegenden Sprossen zu beschäftigt sein, meine ausgestreckte Hand über dir zu sehen, die dich vom Rad heben und befreien will.

Jedes Leben, das Ich dir gebe, ist eine neue Gelegenheit, eine zweite, dritte und vierte Chance, bis ins Unendliche, deine Hand in meine zu legen, damit Ich deinen Verstand und deinen Körper zu jener gottähnlichen Ebene erheben kann, auf der du die Herrschaft über jeden Schein besitzt.

Mein ganzer Kosmos ist auf vollendet geordnete Weise zusammengesetzt. Alle meine Galaxien folgen demselben weisen

Plan, obwohl du feststellen wirst, wenn du anfängst, sie zu erforschen, daß niemals zwei völlig gleich sind. Alle meine Sonnen sind sozusagen rund, keine ist viereckig. Alle meine mikrokosmischen Bewegungen folgen ähnlichen Grundgesetzen.

Für alle meine Kinder war dieselbe göttliche Vollkommenheit beabsichtigt. Im Urmuster deines Seins ist deine Originalität und deine Freiheit enthalten, sie auszudrücken. Doch bevor du diese universelle Vollkommenheit erleben wirst, mußt du deine Bereitschaft zeigen, deine kosmische Bestimmung zu erfüllen und zielstrebig den Aufgaben deines Vater-Bewußtseins nachgehen. Solange du nur auf die Ziele deiner menschlichen Persönlichkeit bedacht bist, wird das Gewebe der Miß-Gestaltung weiter um dich herum wachsen und dich für die Wirklichkeit blind machen.

Wenn nichts anderes dich mehr kümmert, als daß mein Wille geschehe, werde Ich wissen, daß du bereit bist, deine Hand in die meine zu legen, und Ich werde dich vom Rad heben. Dann werde Ich zu dir hereinkommen und mit dir feiern, deinen Körper mit meinen Reinigungsfeuern füllen, alle Sünden in dir auflösen, wie die Sonne den Schatten auflöst und die Zellen in dir von einem Ende zum anderen in meine vollkom-

mene geistige Substanz verwandeln. Solange du an morgen denkst, hast du die Bewußtseinsebene nicht erreicht, auf der ausschließlich verlangt wird, daß mein Wille
geschehe. Sorge um morgen in jeder Form
verrät die Tatsache, daß du noch mit den Zie-
len der menschlichen Persönlichkeit befaßt
bist. Sorge um morgen bedeutet auch, daß
du mir nicht vertraust; du schaust immer
noch auf die Schein-Mächte der Miß-Gestaltung und versuchst Dualität anzubeten.
Richte deinen Blick mit allem Glauben, den
du aufbringen kannst, allein auf meine Herrlichkeit. Wie kann Ich dir vertrauen, mein
Großes Kosmisches Wesen zu sein, wenn du
mir nicht vertrauen willst, dein hilfreicher
himmlischer Vater zu sein?

Jesus überließ sich mir völlig an jenem Tag,
als er am Kreuz hing. Die Persönlichkeit, der
Körper, die Wünsche des Oberflächen-Verstandes wurden alle meinem Willen überge-
ben. Seine Kreuzigung symbolisiert das völlige Loslassen vom menschlichen Ego, das
ich von all meinen Kindern fordern muß.
Denn derjenige, der sein Leben um meinetwillen verliert, wird es in seiner größeren
Selbstheit finden.

Deine Oberflächen-Persönlichkeit ist wenig
wert in meinem Königreich, da du wie die
Tomatensaat bist: Deine Persönlichkeit ist

die Hülle, die nicht länger gebraucht wird, sobald der Kern sprießen darf.

Dieses Aufgeben deines äußeren Selbst mag eine große Anstrengung bedeuten. Es mag genug sein, dich für längere Zeit zu beschäftigen, wenn du wie die meisten meiner Erdenkinder ein Opfer tiefsitzender Gewohnheiten bist. Doch du wirst reichlich belohnt werden, wenn du alte Denkmuster, alte Zweifelgewohnheiten, verwerfen kannst, und wenn du das Bild deiner Selbst als eines *Lebendigen Christus* so fest im Blick deines Verstandes hältst, daß deine Blickrichtung niemals abirrt, und deine unterbewußten Gefühle niemals wanken, wenn sie in Übereinstimmung mit dieser Wahrheit reagieren.

Es ist nicht nötig, daß du dich für deine Schwäche verurteilst, wenn anfangs alte Reaktionen sich einschleichen und dir die Aufgabe des Veränderns von Gewohnheiten tatsächlich unmöglich erscheinen lassen. Ich werde dich auch nicht verurteilen. Erinnere dich nur, daß für denjenigen, der Gott liebt, alle Dinge möglich sind und bald, wenn du es wieder versuchst, wird die frühere Denkweise verschwunden sein, die Christus-Natur wird in deinen Oberflächen-Verstand eindringen, und du wirst auf sehr natürliche Weise mit dem hohen Ideal verschmelzen, das durch mein Wort eingepflanzt wurde.

IV.
DIE HEILIGE SAAT

Der wesentliche Kern deines Seins, jenes anscheinend undefinierbare Christus-Zentrum, in dem meine Liebe und Weisheit ruhen, ist dem Oberflächen-Verstand weit zugänglicher als bisher erkannt worden ist. Ich stellte keine großartigen Scheidewände auf, um die menschliche Natur von der göttlichen Natur getrennt zu halten. Deshalb ist die trennende Schranke unwirklich, sie ist nicht-existent. Sie scheint vorhanden zu sein, weil eine Form von Massenhypnose wirksam ist, die meine Kinder im Glauben hält, 'bloß menschlich' zu sein.

Kehren wir zur Tomatensaat zurück und schauen sie uns genauer an. Ist sie nur ein Same, eine kleine Ansammlung von Molekülen, die in einer bestimmten Weise zusammenhalten, um eine bestimmte Art von Materie zu bilden? Hättest du nie einen Tomatensamen gesehen und nie von einer Tomate gehört, so würde dir der Same wahrscheinlich wie ein unbedeutendes Teilchen Materie erscheinen, das bloß zu einer kurzen, unproduktiven Existenz fähig ist und dann zerfällt.

Würde man dir jedoch etwas über den Tomatensamen erzählen, dir erklären, daß innerhalb dieses scheinbar regungslosen Moleküls ein göttliches Samenkorn brennend darauf warte, zu einer duftenden Blätterpflanze zu werden, die blühen und köstliche Frucht tragen kann, du würdest es kaum glauben. Wenn du gar nichts über die Wirklichkeit von Tomaten wüßtest, könntest du dir wahrscheinlich ein so unmögliches Ding wie eine große grüne Pflanze mit roten Früchten, die aus einem uninteressant aussehenden Samenkorn wächst, gar nicht vorstellen. Du würdest zweifellos laut lachen über die seltsame Idee, das Samenkorn in der Erde zu vergraben, es dann fortlaufend zu gießen, so daß die Kräfte der Natur mit ihm zusammenarbeiten, um diese verblüffende Formveränderung hervorzubringen.

Wenn man dir sagt, dein wirkliches Sein sei ein Samenkorn, das ein Urmuster beinhalte, das genauso verschieden von dem ist, was du zu sein scheinst, wie das Urmuster des Tomatensamens verschieden ist von dem, was er zu sein scheint, so ist diese Idee genauso schwer zu verstehen. Die Tomatenidee kannst du bereitwillig annehmen, da es eine sehr gewöhnliche Sache ist; bei Tomaten hast du das Geschehen beobachten können. Doch bei Menschen ist das Problem des Visualisierens einer vollständigen Formveränderung wieder etwas anderes. Du hast nie jemanden persönlich gekannt, der solch radikalen Wechsel erlebte. Menschen werden geboren, sie wachsen, sie denken und träumen eine Weile und sind kreativ, dann sterben sie. Wenn sie ein Urmuster für eine andere Bestimmung enthalten, ist dieses dem Oberflächen-Verstand nicht deutlicher als das Urmuster in einem Tomatensamen dem nackten Auge klar erkennbar ist.

Wo ist dieses große Kosmische Urmuster in dir enthalten? Wo ist der Kern deiner eigenen heiligen Saat? Wie kannst du ihre Wirklichkeit spüren, an ihre Existenz glauben, das Samenkorn pflanzen und hegen und es wachsen lassen?

Der Kern jener heiligen Saat ist deine Seele. Deine Seele ist keine undefinierbare Einheit, die sich irgendwo in deinem Innern versteckt hält. Deine Seele ist die vereint organisierte Lebenskraft in jedem Atom, in jedem Molekül, in jeder Zelle deines Körpers. Deine Seele ist das gesamte Bewußtsein deines Wesens. Es ist das wirkliche Gewahrsein, das dich anregt, dich das Leben erleben läßt. Deine Seele ist Licht, reines Licht, das wahre Licht des Lebens.

Ebenso wie das Urmuster der Pflanze im Tomatensamen in seiner Lebenskraft eingeschlossen ist und auf geeignete Bedingungen für seine schöpfungsgemäße Freilassung wartet, ist der Christus-Plan in deiner Lebenskraft eingeschlossen und wartet auf geeignete Bedingungen für eine ähnliche Freilassung.

Die Lebenskraft der Tomate wird freigesetzt, wenn sie gepflanzt und lange genug feucht gehalten wurde, um mit den Naturkräften zusammen das nötige Aufbaumaterial aus der Umgebung heranzuziehen.

In deinem Fall wird die Lebenskraft freigesetzt, und sie fängt an, zu wachsen und das von der Natur gelieferte Aufbaumaterial heranzuziehen, wenn die Einstellung deines Verstandes und deines Herzens die geeigneten Bedingungen für ein derartiges Wachstum herstellt. Die notwendigen Wachstumsmaterialien sind dir, wie der Tomate, verfügbar. Sie werden von mir geliefert, und sie würden leicht und natürlich zu dir hingezogen werden, hätte deine Einstellung nicht Bedingungen geschaffen, die für das Wachstum hinderlich sind.

Dein Oberflächen-Verstand hat deine Lebenskraft meistenteils nicht anerkannt. Du hast gewußt, daß du eine Seele hast, und daß sie sehr wahrscheinlich eine ewige Seele ist, die eines Tages eine Chance hat, sich freier auszudrücken ohne die Behinderung eines physischen Körpers. Hast du je innegehalten, um dich zu fragen, wozu der physische Körper da ist, wieso Ich deine Seele in einen Körper einschloß?

Hat die Tomatensaat innegehalten, um sich darüber zu wundern, daß ihre Lebenskraft in die Moleküle einer Saat eingeschlossen wurden? Freute sie sich auf die Zeit, in der der Same an hohem Alter sterben und seine Lebenskraft freisetzen würde? Nein. Stattdessen erfaßte sie, daß sie aus einem bestimmten Grund im Samenkorn war und sich durch das Samenkorn zur vollen Reife, zum vollen Genuß durcharbeiten könnte. Sie erkannte, daß ihr göttlicher Plan im Samenkorn enthalten war.

Als Mensch bist du ein dreifaches Wesen – Verstand, Körper und Seele. Fehlt ein Teil, so bist du ein Same ohne Fruchtbarkeit. Ist die Lebenskraft einer Tomate in einem Samenkorn nicht enthalten, kann dieses nicht sprießen und seine Bestimmung erfüllen. Ist die Lebenskraft eines Menschen ohne Körper, muß sie sich in einen neuen Körper kleiden, bevor sie ihre Bestimmung erfüllen kann. Die Seele ist die heilige Saat, während der Körper das Mittel ist, durch das sie sich ausdrücken kann, ähnlich wie das Gehirn das Mittel ist, durch das der Verstand sich ausdrückt.

Deine Seele ist ein lebendiger Teil von mir

und meines allgegenwärtigen Lebens. Deine Seele wird durch die großartige Lebensessenz, die durch meinen Kosmos zirkuliert, immerfort regeneriert und neu belebt. Diese Lebenskraft erreicht alle. Sie belebt alle und bindet alle Dinge in einen dynamischen Wellenschlag von ewig-fließendem, sich ewig-erneuerndem Bewußtsein.

Diese unbeschreibliche Lebenskraft wird von meinen Kindern in unterschiedlichem Maße empfangen, das gänzlich von deinen Einstellungen abhängt. Dein Körper ist das Gefäß, das sie empfängt; dein Verstand kontrolliert den Winkel des Gefäßes, und dein Herz bestimmt, wieviel du von diesem Fluß des Lebens hereinlassen wirst.

Der Fluß fließt überall um dich herum; in ihm lebst du und bewegst du dich und bist du. Er ist der Vorrat, der in der Natur zu finden ist und von dem deine heilige Saat sich bedienen kann, um in dir den Plan deines *Großen Kosmischen Selbst* zu entfalten.

Deine heilige Saat, dein Lebensfunke, wartet nur auf die Mitwirkung deines völlig stillen Herz-Zentrums. Hast du diese Mitwirkung gewährt, wird die heilige Saat zu wachsen beginnen, um ihren kosmischen Plan zu erfüllen, während die menschliche Hülle abfällt und der heiligen Verwandlung

erlaubt, sich zu vollenden. Du kannst viel ge-
winnen, wenn du lernst, deinen Lebensfun-
ken zu würdigen. Konzentriere dich auf
seine Gegenwart, fühle ihn, genieße seinen
seidigen Fluß, wenn er aus der tiefen Quelle
deiner Seele hervorströmt. Dieser Lebensfunke ist mehr als nur das menschliche Bewußtsein, von dem du dachtest, du seist es.
Dieser Lebensfunke ist das wahre Licht des
Christus, den Ich dir antraute und von dem
du unmöglich geschieden werden kannst.
Durch einfaches Erlernen ihn zu würdigen,
kannst du bewirken, daß sein Fluß sich verstärkt, bis er emporströmt und zu einer lebendigen Quelle wird, die nie versiegen
kann.

Durch die entgegengesetzte Einstellung
kannst du seinen Fluß vermindern. Du
kannst ihn gänzlich aus deinem Körper hin-
auspressen. Doch du kannst ihn nicht zerstören oder dich veranlassen, etwas anderes außerhalb des Christus-Lichtes zu werden, denn genau aus diesem Licht habe Ich
dein Wesen gebildet.

Es ist die elementare Natur des Lebens, zu
wachsen, mehr und mehr Ausdruck zu suchen. Dieses Wachstumsgesetz drückt sich
in dir aus, genauso wie in jedem Bereich der
Natur. Das Leben ist ein freudiger, singen-
der Fluß, der immer vorwärts strömt. Wenn

du ihn fühlst und ihn würdigst, wird das leichte Tröpfeln, das durch dein Wesen ausfließt, zu einer Flut aufsprudeln und dich mit auf den wunderschönen Weg des Flusses der Lebensfülle ziehen.

Dies geschieht, wenn du zum *Lebendigen Christus* wirst. Du wirst nicht plötzlich anders oder ein anderer; du drückst bloß eine Fülle von dem aus, was du schon bist. Du erlaubst bloß dem Licht des Lebens, hervorzutreten und sich zu verstärken. Du erlaubst bloß der Seele, deiner eigenen persönlichen Seele, deren Recht es ist, die volle Macht zu haben, in völliger Herrschaft über dein Körperreich hervorzutreten.

Meditiere über das Leben in deinem Innern, hege es. Wie fröhlich es wogt! Stelle dir eine doppelte, dreifache, hundert- und tausendfache Brandung vor. Dieses glorreiche Licht des Lebens wird deine Würdigung erwidern und gleich anfangen, heller zu leuchten.

Es ist ein trauriger Fehler, das Leben als Langeweile anzusehen, die mit all ihrer Mühsal ausgehalten werden muß, bis der Tod kommt und dich befreit. Der Tod ist nicht die Straße zur Freiheit, er wird deinen Fortschritt nur verzögern. Die Lebenskraft in deinem Körper ist der Schlüssel zur Freiheit, die du suchst.

Nimm das alte, vertraute Beispiel von der Raupe und vom Schmetterling. Wäre die Raupe geboren worden, hätte eine Weile gelebt und wäre dann gestorben, wo bliebe dann der Schmetterling? Die Seele der Raupe ist die heilige Saat des Schmetterlings. Das Urmuster des wunderschönen Schmetterlings ist auch schon in der Raupe enthalten, während sie ein niedriger Wurm ist, der auf seinem Bauch kriecht.

In diesem Fall habe Ich vorbestimmt, daß der Schmetterling hervorkommt. Die Raupe wirkt instinktiv mit. Sie zieht sich in ihr Kabinett, in ihren Kokon zurück. Ein Wissenschaftler hat gesagt, es scheine, als setze eine "Welle der Entschlossenheit" den Vorgang der Verwandlung in Gang. Es ist tatsächlich so! Diese Welle der Entschlossenheit setzt ein Hormon frei, einen Anreger. Aus einigen winzigen Zellen im Gehirn der Raupe stimulieren diese Hormone die Freilassung anderer Hormone aus der Schilddrüse der Raupe, und in der Verborgenheit und der Stille eines kleinen versiegelten Kokons beginnt ein Wunder der Verwandlung sich zu verwirklichen, die Erfüllung eines göttlichen Planes.

Wenn der farbenprächtige Schmetterling zum Vorschein kommt, ist er eine völlig andere Kreatur, frei durch die Welt zu fliegen in einer ihm neuen Dimension. Was ist mit der Hülle geschehen, die abfiel, mit diesem begrenzten kleinen Wurm?

Bei dir ist die Erfüllung nicht vorbestimmt. Du magst leben und sterben, immer und immer wieder, bevor du die Wahrheit über deine heilige Saat bewußt verstehst und dein Unterbewußtsein sie annimmt.

Wenn du das Licht des Lebens in deinem Innern annimmst als die Straße zu einer höheren Dimension, wird in dir eine "Welle der Entschlossenheit" freigesetzt werden und die notwendige Veränderung deiner Einstellung kann in Bewegung gesetzt werden. Wie die Raupe, oder die Tomatensaat, wirst du anfangen, dich zu verändern. Die Weisheit der Seele, sowie sie das Kommando übernimmt, kennt jeden Schritt, der getan werden muß, um deinen physischen Körper in höher schwingende, verfeinerte Substanz umzuwandeln.

Diese Weisheit der Seele bin Ich, dein dir innewohnendes Vater-Bewußtsein. Ich vollbringe die gewaltigen Arbeiten für dich, baue neu auf mit den Lebenssubstanzen, die reichlich in der Natur verfügbar sind in jenem ewig-fließenden Fluß, der den ganzen Kosmos füllt – meinem Heiligen Geist.

V.
DER HEILIGE GEIST

Während dein Licht des Lebens sich in immer weitere Formen ergießt, wird es dir eine Wirklichkeit bewußt machen, die dein begrenzter Oberflächen-Verstand gänzlich übersehen hatte. Es wird veranlassen, daß du verstehst, was dein Bruder Jesus meinte, als er sagte: "Der Heilige Geist, der Tröster, den der Vater in meinem Namen senden wird, wird euch alle Dinge lehren, und alle Dinge in eure Erinnerung zurückbringen, die Ich euch je gesagt habe."

Dieser Heilige Geist ist der ewig-fließende Fluß, aus dem du die Fülle des Lebens schöpfen kannst. Ich habe ihn für jede einzelne Seele zugänglich gemacht. Sobald du deinen Oberflächen-Verstand neu orientiert und die richtigen Voraussetzungen geschaffen hast, wirst du mit dem vollen Maß dieses Heiligen Geistes erfüllt werden, und er wird dir das Tor zu einer neuen Dimension öffnen.

Der Vorgang, bei dem du einen größeren 'Vorrat' Heiligen Geistes empfängst und durch ihn erneuert wirst, ist als "Wiedergeburt" beschrieben worden. Wenn du das Königreich des Himmels oder die neue Dimension betreten willst, mußt du wiedergeboren werden. Du mußt aus dem Geist geboren werden. Viele meiner Kinder haben ehrlich versucht, die Bedeutung einer so mysteriösen Idee wie der des Wiedergeborenwerdens zu verstehen. Es wird selten realisiert, daß die Wiedergeburt mit einem einfachen Schritt beginnt, der von dir nicht mehr verlangt, als deinen Verstand und dein Herz weit zu öffnen, um eine größere Fülle der Lebenskraft zu empfangen, die dich stets gespeist hat.

Dein Lebensfunke zieht die für sein Wachstum notwendige Substanz in sehr ähnlicher Weise an, wie die Tomatensaat ihre nötige Substanz anzieht, oder wie die Raupe Materialien anzieht, mit denen sie bauen kann. In jedem Fall ist der Fluß des Heiligen Geistes der Urquell für diese Lebenssubstanz, und jeder saugt von dieser Quelle entsprechend seiner Natur und seiner Bedürfnisse.

Den früheren Menschen war dieser Fluß als eine unsichtbare Kraft bekannt, die vom Himmel auf sie herab kam, ein Geschenk, das Ich verlieh, nachdem sie mir ihre Aufmerksamkeit zugewandt hatten, und alles Menschenmögliche getan hatten, die richtigen Bedingungen in ihrem Herzen herzustellen.

Da meine Wege ewig und unveränderlich sind, ist es jetzt den Menschen genauso möglich, mit dem Heiligen Geist erfüllt zu werden, wie es den Menschen der früheren Tage möglich war.

Nicht nur ist es genauso möglich, eigentlich ist es einfacher. Denn nun habt ihr die Entdeckungen der Wissenschaft, mit denen ihr die Existenz dieses Heiligen Geistes überprüfen könnt. In früheren Zeiten war meine unsichtbare Substanz wirklich geheimnisvoll und nur eine starke Vorstellungskraft, zusammen mit einem noch stärkeren Glauben, konnte die Idee dieser Wirklichkeit erkennen.

Heutzutage konzentriert ein Zweig wissenschaftlicher Forschung seine Bemühungen auf das Studium kosmischer Strahlen. Es werden kosmische Strahlen entdeckt, die anscheinend aus allen Richtungen aus der Tiefe des Alls kommen. Viele davon sind so hochenergetisch, so unaufhaltsam, daß sie durch die Atmosphäre hereinbrechen und die Erdoberfläche in ziemlich gleichmäßiger Verteilung über den Globus bombardieren. Ähnliche kosmische Strahlen mit zumeist geringerem Energiegehalt werden fortwährend von der Sonne ausgestoßen und fallen in großen Mengen auf meinen herrlichen Planeten Erde. Die schwächeren

Energiestrahlen werden oft durch den Zusammenprall mit Atomen in der Atmosphäre aufgebrochen. Dadurch verändern sie ihre Form und zerfallen in viele verschiedene Partikel. Die höchsten Energiestrahlen, die tief aus dem All kommen, sind sehr wohl fähig, sicher bis zur Erdebene vorzudringen, ohne daß Kollisionen sie brechen.

Innerhalb dieser übergroßen Fülle von kosmischen Substanzen ist es möglich, alle fundamentalen Partikel, die Atome ausmachen, zu finden. Hätte der Mensch das technologische Wissen, könnte er diese Geist-Strahlen 'einfangen' und sie mit jeder beliebigen Art von Atomen verbinden, um jede beliebige Substanz herzustellen, die er benötigte, sei diese Substanz tierisch, pflanzlich oder mineralisch.

Es sind diese kosmischen Strahlen, die als Mutter-Element bezeichnet worden sind, meine unsichtbare Rohsubstanz, die Lebenskraft. Sie zirkulieren wie kolossale Flüsse durch das ganze All, durch alle Zeit. Ihre Quelle ist absolut, ewig und unerschöpflich. Ich habe den Kosmos mit diesem wundervollen Fluß des Lebens erfüllt zum allwichtigen Zweck, daß meine geliebten Kinder mit allem, was sie wünschen und brauchen, versorgt seien.

Wenn du an die Wissenschaft glaubst, wirst du sicher an diesen Regen aus kosmischen Partikeln glauben, an diese unsichtbare Substanz, die fortwährend alles auf der Erde durchdringt.

Dieses Mutter-Element ist beschrieben worden als das Licht, das alles enthält und das Leben für alle Menschen ausmacht.

Wenn du aus dem Geist geboren wirst, wirst du dir der Gegenwart dieses Lichtes bewußt, du glaubst daran und an den Grund, aus dem es gesandt wird. Deine heilige Lebenssaat kann es dann anziehen und ohne Schaden in vollem Maß verinnerlichen. Es wird nicht nur jedes deiner Bedürfnisse stillen; es wird ebenfalls die Quelle deines wachsenden Bewußtseins des Lebens selbst sein, die Quelle der Lebensfülle oder das verstärkte Gefühl des Lebendig-Seins.

Ja, wie mein Wort es dir sagt: Richtest du dein Augenmerk einzig auf meine Herrlichkeit, so wird dein ganzer Körper mit Licht erfüllt werden.

Es mag erst unglaublich erscheinen, daß dein überarbeiteter, erschöpfter physischer Körper ein Empfänger dieses dynamischen, vorwärtsstürmenden Lichtes sein könnte. Doch du würdest bereitwillig zustimmen, daß dein Körper der Tempel des Geistes ist. Dies ist eine Idee, die du immer wieder gehört und akzeptiert hast. Hast du erahnt, daß Geist eines Tages entdeckt, studiert und, langsam aber sicher, verstanden und der Körper, geheimnisvoll wie er ist, den suchenden Augen der Wissenschaft viele Geheimnisse preisgeben würde?

In Kürze wird das volle Mysterium, wie der Körper und die große Lebenskraft zusammenhängen, entdeckt und bewiesen werden. Man wird genauestens nachweisen, auf welche Weise der Körper der Tempel des Geistes ist.

Dein Körper wurde aus sehr empfindlicher Geist-Substanz gebildet, entgegen den wiederholten Vorstellungen, er sei aus dem Staub der Erde geformt worden. Staub warst du nie. Du magst freilich „Staub" werden, wenn du den Weg wählst, wenn du es einfacher findest, an den Tod als an ein ewigwährendes Leben zu glauben. Doch ganz sicher hast du die Wahl.

In den ersten Wochen deines Erdenlebens, als du nicht mehr als ein winziges Embryo von sich schnell vervielfältigenden Zellen warst, warst du eingeschlossen in einem mit Flüssigkeit gefüllten Beutel, einer völlig privaten Welt, die sogar vor dem Körper deiner

Mutter geschützt war. Kein Blut deiner Mutter kam in Berührung mit deinen Embryo-Zellen, keine Nerven verbanden dich mit ihrer physischen Welt. Erst als du ungefähr zwölf Wochen alt warst, fingst du an, Nahrung von ihrem Blutstrom durch die Nahrungsstation des Mutterkuchens zu erhalten.

Während dieser ersten zwölf Wochen ohne weltliche Ernährung war dein Wachstumsgrad gewaltig. Du warst ein sehr fleißiges Kind. Als du nicht größer als der Kopf eines Zündholzes warst, besaßest du ein Gehirn, einen Mund, die Anfänge eines Kiefers. Bevor die zwölf Wochen vorüber waren, hattest du winzige Arme und Beine, Knochen, Muskeln, Blut, innere Organe und ein Herz, das schon schlug. Sicherlich blieb viel weitere Entwicklung und Wachstum zu bewältigen, doch während dieser ersten zwölf „nahrungslosen" Wochen skizzierte dein Babykörper die Zellenstruktur einer eindeutig individuellen Person.

Dieses Wunder „menschlichen" Wachstums geschah, weil deine reichlich mit meiner Weisheit versehene heilige Lebenssaat vom allgegenwärtigen Heiligen Geist die feine Substanz anzog, die sie brauchte, um für sich selbst einen Tempel zu bauen. Nun lebst du in einem Körper, den mein Allwissen in zärtlicher, liebender Fürsorge gebaut hat, ein Körper, in den Ich behutsam sehr wertvolle Kräfte und Begabungen gepflanzt habe. Diese Kräfte und Begabungen haben nicht abgenommen, obwohl sie selten voll genutzt wurden. Sie wohnen im Zentrum deiner untergetauchten Schatztruhe, das deinem erhöhten Bewußtsein, deinem allwissenden Christus-Bewußtsein stets verfügbar ist. Deinem beschränkten Oberflächen-Verstand scheinen diese Kräfte außerhalb des Möglichen zu liegen, doch für mich, dein Vater-Bewußtsein, gibt es keine Begrenzung, kein „möglich" und kein „unmöglich".

Deshalb hängt deine Fähigkeit, mit dem Mutterlicht erfüllt zu werden und es zu nutzen, gänzlich vom Erwachen deines verdeckten Verstandes ab. Es hat überhaupt nichts mit dem intellektuellen Wissen deines Oberflächen-Verstandes zu tun. Weiß dein Oberflächen-Verstand etwa, wie er den Sauerstoff benutzen muß, der in deine Lungen gesogen wird? Weiß dein Oberflächen-Verstand, wie er Licht- und Farbschwingungen empfängt und in Bilder der Welt um dich herum verwandelt, die deine Augen erblikken?

Nein, deine Fähigkeit, den Heiligen Geist zu verwandeln, ist eine der heiligen Kräfte, die

Ich gab, damit sie in dir leben. Sie ist eine der kostbarsten Kräfte, und sie wurde vernachlässigt, ignoriert, nicht benutzt, vergessen. Sie wurde in der Schatztruhe des verdeckten Verstandes schlafend liegengelassen.

Wenn die große Lebenskraft sich in dir oder in der Natur ausdrückt, findet ihre wesentliche Tätigkeit auf der mikrokosmischen Ebene statt. Die kleinen Dinge im Leben sind wirklich die Dinge, die den Unterschied ausmachen. Die auf einer für deine natürlichen Augen unsichtbaren Ebene vor sich gehende Tätigkeit ist eine sehr geordnete Wiederholung von chemischen Prozessen, die dem Bewußtsein das Erleben ermöglichen. Augenblicklich lebst du in einem Organismus, der korrekt als ein „spezialisierter chemischer Workshop" bezeichnet werden könnte. In dieser mikrokosmischen Welt zellularer Tätigkeit besteht die Hauptarbeit, die mit lichtschneller Geschwindigkeit ausgeführt wird, darin, verschiedene molekulare Substanzen niederzureißen und auf neue Art zusammenzusetzen, um Zellenbedürfnisse zu befriedigen.

Der Oberflächen-Verstand hat keine Ahnung, wie diese Arbeit getan wird. Sie wird unterhalb der Bewußtseinebene ausgeführt. Sie wird von der Weisheit der Seele

geleitet. Die Orientierung und die Voraus-
setzung des Oberflächen-Verstandes spielen
jedoch lebenswichtige Rollen. Sie bestim-
men, ob der Körper ein freier und offener
Ausgang ist für die dynamische Kraft des
Lebens, oder ob nur ein Tröpfeln dieser Lebenskraft durchsickert. Ein turbulenter
Oberflächen-Verstand, der um das menschliche Selbst herum orientiert ist, ist wie ein
Staudamm, der quer durch einen Fluß gezo-
gen wurde und die fließenden Gewässer zu-
rückhält. Doch ein beruhigter Oberflächen-
Verstand, der sich nur nach meiner Herrlichkeit ausrichtet, ist nicht länger der
Damm im Fluß, sondern bloß wie eine Sand-
bank, über die das Wasser fließt.

Dies ist der Grund, aus dem die Christus-
Botschaft lehrt, daß du durch die Erneuerung deines Verstandes verwandelt werden
kannst.

Die volle und verschiedenartige Nutzung
meiner Verwandlungskräfte beginnt sich zu
manifestieren, wenn deine Unruhe gestillt
wurde, wenn dein Verstand und dein Herz
durch dein Vertrauen in mich beruhigt wurden. Es ist nicht nur dein Vorrecht, diese heiligen Umwandlungskräfte zu nutzen, es ist
deine Verpflichtung. Es ist dein Grund, lebendig zu sein. Es ist die Art, in der meine
Herrlichkeit in dir offenbart wird. Es ist der

Weg für dich, meine Schafe zu füttern. Es ist der Weg, deinem Bruder zu helfen, nicht um zu zeigen, was du tun kannst, sondern um zu zeigen, was *er* tun kann, wenn er lernen will, die Wahrheit zu leben, die Jesus lehrte.

Wenn du möglicherweise diese Worte glauben kannst, wirst du Vertrauen genug entwickeln, dein Leben in totaler Stille zu halten, und du wirst am Ende die Wahrheit dessen, was Ich sage, mit deinen eigenen „menschlichen" Augen sehen.

Das Reservoir deines Herzens wird in den heiligen Gral verwandelt werden, das glorreiche Zentrum, das meinen Heiligen Geist hungrig empfängt, ihn vervielfältigt und ihn nach außen in eine bedürftige Welt zurückstrahlt.

Hätte dein Oberflächen-Verstand die Wahrheit gekannt, so hättest du die Veränderung deiner Haltung, die nötig ist, dies zu ermöglichen, schon zustande bringen können. Doch dein Begriff von mir ist so vage geblieben, daß du keinen Grund hattest, mich mit deinem ganzen Verstand, deinem ganzen Herzen, deiner ganzen Seele und all deiner Kraft zu lieben. Du hattest keinen Grund, den Blick deines Verstandes ausschließlich auf meine Herrlichkeit oder mein Licht zu richten. Wenn du ehrlich versuchtest, mich zu lieben, war es eher ein Versuch, „nichts" anstatt „etwas" zu lieben. Natürlich wandtest du dich ab, zurück zu irdischem Zeitvertreib von einer greifbareren Qualität.

Die ganze Zeit stehe Ich an der Tür. Ich klopfe und klopfe und klopfe. Mein Geist könnte dir Lebensfülle geben, würdest du ihn nur einlassen.

Er wird auch nicht deinen physischen Körper zerstören, wenn du lernst, dich in totaler Stille zu halten, und wenn du zuläßt, daß das Licht des Lebens, das bereits in deiner Seele dämmert, deinen Organismus zubereitet, damit du eine größere Menge dieser mächtigen geistigen Kraft empfangen kannst. Dein Licht des Lebens wird in deinem ganzen Tempel an die Arbeit gehen. Es wird als Feuer der Reinigung sanft hervorströmen, und du wirst von allem Übel und allem Negativen reingewaschen werden. Sogar deine Gehirnzellen, in denen du irdische Meinungen lagerst, werden durch neue Zellen ersetzt werden, die aus unbefleckten kosmischen Elementen gebildet sind.

Dein Körper wird zum brennenden Busch werden, der nicht verbrennt. Es ist wahr, daß nur die, die reinen Herzens und reinen Geistes sind, die Fülle meines Heiligen Geistes empfangen können, ohne von ihm verbrannt zu werden. Doch wie leicht ist es für das allmächtige Licht des Lebens, deine Sünden wegzuwaschen und dich in genau diesen Reinheitszustand umzuwandeln, sobald du bereit bist!

Zusätzlich zum Bereitsein ist es notwendig, daß du still bist und glaubst, so sehr glaubst, bis der Glaube sich in Vertrauen wandelt.

Vertrauen geht immer in Erfahrung über, denn Vertrauen ist mehr als nur blinde Hoffnung, es ist keine unfaßbare Emotion; es ist eine abgesonderte Schwingung, die von dir nach außen ins Mutter-Element hineinstrahlt und in sehr ähnlicher Weise wie ein Magnet handelt, um die Geistkräfte anzuziehen und sie in deine Richtung zu lenken.

Wenn der Heilige Geist auf dich herabkommt, wird er durch einen hochsensiblen Bereich im Zentrum deiner Schädeldecke empfangen und in deinen Körpertempel hineingezogen, wo die wundertätigen Organe beginnen, ihn in körperliche und irdische Bausteine zu verwandeln.

Dieses Wortbild vom Heiligen Geist sollte dich nicht veranlassen zu denken, dein Schöpfer sei nicht mehr als ein unendlicher Vorrat an pulsierenden Atomteilchen, die darauf warten, genutzt zu werden. Ja, Ich bin genau das, doch davon abgesehen bin Ich so vieles mehr, daß es dir von deiner jetzigen Bewußtseinsebene aus absolut unmöglich ist, dir vorzustellen, was Ich bin. Meine Gegenwart als Heiliger Geist anzuerkennen ist nur ein Ausgangspunkt für deinen Oberflächen-Verstand. Dieser Ausgangspunkt des Erkennens enthält natürlich die Macht, dich zur Christus-Ebene des Bewußtseins zu erheben. Wie mein Wort verspricht, wirst du auf dieser Christus-Ebene mein Antlitz erblicken und mich so kennenlernen, wie *Ich bin.*

Die Erde ist kürzlich durch das Erkennen der mächtigen Kraft erschüttert worden, die im Atom enthalten ist. Diese gewaltsame Spaltung von Atomen ist ein unglückliches Beispiel der Kräfte, von denen Ich spreche. Dies ist ein Mißbrauch meiner spirituellen Kraft oder eine umgekehrte Nutzung von ihr, denn Ich will, daß der Mensch seine Talente einsetzt, um Atome zu verbinden, nicht um sie auseinanderzureißen. Was Ich zusammenfügte, soll kein Mensch trennen!

VI.
DIE ZWEITE GEBURT

Vom Tierreich und sogar von den Raupen weiß man vieles über das innersekretorische System. Auch wenn kaum ein Stück Haut oder Knochen ohne ernsthafte Folgen zwischen meinen Kindern ausgetauscht werden kann, so ist es doch augenscheinlich, daß Hormone des innersekretorischen Systems von einer sehr exklusiven Beschaffenheit sind. Einige von ihnen können ohne Schaden und oft mit interessantem Ergebnis zwischen den Arten - seien es Menschen oder Tiere - ausgetauscht werden.

Die innersekretorischen Drüsen bilden wirksame Hormone, die eine maßgebliche Rolle in der Regulierung chemischer Vorgänge bei der lebenden Materie spielen, und scheiden diese Hormone dann in den Blutstrom aus. Die Menge und Art dieser Hormone bedingt gewaltige Unterschiede für die Körperfunktionen. Was der Raupe geschieht, wenn ihr Verwandlungs-Hormon freigesetzt wird, ist ein alltäglicher Lebensvorgang. Einer gewissen, nicht allgemein bekannten Art von Salamandern wurden Extrakte der menschlichen Schilddrüse gespritzt. Dieser kleine Salamander ist ein Wasserliebhaber; meist verbringt er sein ganzes Leben im Wasser. Nachdem er mit dem Schilddrüsenextrakt behandelt worden war, verlor er seine Kiemen und seine Schwanzflosse, entwickelte einen Luftatmungs-Apparat und verließ das Wasser, um an Land zu leben, in einer ihm neuen Dimension.

Innersekretorische Hormone sind Lebenspendende, Leben-ausgleichende, Leben-verändernde Proteine. Dies gilt für Tiere genauso wie für Menschen. In diesem Augenblick überwachen deine innersekretorischen Drüsen die wesentlichen chemischen Funktionen deines Körpers. Sie arbeiten eng mit deinem Verstand zusammen. Die Drüsen sind komplett ausgestattet, mehr zu tun, viel mehr als dein Verstand ihnen bisher erlaubte.

Vorrangig war es meine Absicht, daß deine Drüsen, als wichtigste Funktion in dir, eine bemerkenswertere Transformation ausführen als sie die Raupe durchmacht. Sie sollten dich von sterblich in unsterblich verändern, sobald dein Signal der „Entschlossenheit" ihnen anzeigt, daß du bereit bist.

Wenn du die Gewohnheit entwickelst, nach dem Christus-Licht in dir zu hungern und zu dürsten und deinen Tempel mit Stille füllst, die mit dem Fluß dieses Lichtes harmonisiert, wirst du die folgenreiche Zweite Geburt erleben, die Geburt aus dem Geist. Dann wirst du auf dem Weg sein, genau so vollkommen zu werden, wie der Vater im Himmel vollkommen ist. Dein Körper wird in den Fluß der Lebensfülle hineingezogen werden; er kann bis zum vollen Erwachen weiterreifen und die Entwicklung vervollständigen, die gehemmt wurde, als turbulente, unbewußte Gefühle gegen das natürliche Wachstum deiner Seele zu arbeiten begannen.

Bis zur Zeit der *Zweiten Geburt,* wenn dein Körper mit Licht erfüllt wird, wirst du noch zu den lebendig Toten gezählt werden. Du wirst noch zur Herde der verlorenen Schafe gerechnet, die in Richtung Todesschlucht laufen. Du bist noch an die Zyklen der Miß-Gestaltung gekettet und an die schmerzvolle Straße der Entwicklung durch das Gesetz von Saat und Ernte.

Wenn du erlaubst, daß mein Heiliger Geist im Innern leuchtet, wird er dich endlich befreien, indem er alle wichtigen Körperzentren öffnet und ihre volle Wirkkraft freisetzt.

Erste Mission des Geistes ist es, deinen Oberflächen-Verstand zu reinigen, jeden Glauben an den Schein auszulöschen, dein Denken zu erheben und dich mit unerschütterlichem Vertrauen zu füllen, daß das "Tor zur Unendlichkeit" auf den Höhen deines menschlichen Bewußtseins auf dich wartet.

Die nächste Mission dieses wunderbar arbeitenden Lichts ist es, die Substanz deiner Zellen wiederherzustellen, müdes Gewebe zu ersetzen, beschädigte Organe zu vervollkommnen und "kranke" Bereiche zu erneuern, deinen Blutstrom zu reinigen und ihn stets mit Zellennahrung von reinster Essenz zu versorgen. Die Schwingungsrate jeder einzelnen Zelle wird nach und nach durch die Kraft, die in diesem geistigen Licht enthalten ist, belebt und beschleunigt werden.

Das herrliche Zentrum deines Herzens wird wie vom Blitz getroffen weit aufspringen, und du wirst zur Schwingung der Liebe werden, einer Schwingung, die so weit über die Liebe menschlicher Emotion erhoben ist, daß die Sprachen der Erde keine ausreichend lebendigen Worte haben, einen Vergleich anzustellen.

Diese unbeschreibliche Herzensschwingung breitet sich in jedes Zentrum deines heiligen Körpertempels aus und zeigt deinem erstaunten Bewußtsein alle versteckten Edelsteine, die vorher deiner Sicht verschleiert waren.

Du wirst das verborgene Juwel der Zirbel-
drüse, das mystische geistige Auge, kennenlernen, wenn es von seiner "Blindheit" geheilt und zu voller Wirksamkeit erweckt
wird. Dieses kostbare geistige Zentrum, das
zur Zeit in deiner vergrabenen Schatztruhe
verkümmert, ist das all-sehende, all-wis-
sende Auge der Seele; es ist sich allem, was
Ich bin, völlig bewußt.

Wenn dieses verdeckte Zentrum wiederer-
weckt wird, wirst du eine erweiterte Wahrnehmung erleben. Plötzlich wird die Erde
um dich herum zarter, schöner und strah-
lender leuchten als das Licht der Morgen-
sonne. Diese erleuchteten Strahlen sind
eine besondere Art Licht, dem menschlichen Blick unsichtbar. Entgegen dem Son-
nenlicht werden diese besonderen Strahlen
nie von festen Oberflächen aufgehalten. Sie
durchdringen alles, erleuchten alle inneren
Teile, verstärken alle inneren Farben und
enthüllen deinen Augen eine Pracht der heiligen Erde unter deinen Füßen, wie du sie
nie erträumt hast. Die Mauern deines Hau-
ses werden durchsichtig erscheinen, der
Felsen in deinem Garten wird eher wie ein
kostbarer Edelstein aussehen denn wie ein
Stein.

Du wirst einen weit größeren Teil des Strah-
lenspektrums sehen, eine beglückende Au-

genweide, wie sie sich das beschränkte menschliche Bewußtsein unmöglich vorstellen kann. Die "dunkle Brille", durch die du vorher die Welt gesehen hattest, wird nicht wiederkehren, deine Sicht aufs Neue zu beschränken, denn nun können die Blinden sehen.

Du wirst in der Tat die physische Welt vermittels des Lichtes sehen, das in meinem Heiligen Geist enthalten ist.

Durch das Erwachen des Seelenauges wirst du zugleich mit Wissen erfüllt werden; denn in diesem Juwel liegen die himmlischen Zeugnisse verborgen, die Wahrheit aller Dinge, die Weisheit des Christus.

Wenn dieses Zentrum voll wirksam ist, kannst du viel tun, deinem Bruder zu helfen, seine Hand in die meine zu legen. Du wirst fähig sein, augenblicklich seinen Grad an Empfänglichkeit einzuschätzen und genau die Worte zu sagen, die er braucht, um ihn auf seinen Weg zu schicken.

Zu diesem Zeitpunkt wirst du dir meiner so völlig bewußt sein, daß sich meine immer noch leise Stimme mit der deinen vereinigen kann und dein wird die Stimme Gottes sein, die auf Erden ertönt.

Das Machtzentrum in deiner Kehle wird voll erweckt sein, und wenn dein Wort ertönt, wird es lebendig sein und die unbegrenzte schöpferische Kraft des Heiligen Geistes enthalten. Solltest du sagen: "Lazarus, komm heraus", wäre meine kosmische Substanz zur Antwort veranlaßt, den entworfenen Plan zu erfüllen, den Bauplan eines neu errichteten Körpertempels für Lazarus. All dies würde mit der Geschwindigkeit des Gedankens ausgeführt werden.

Solltest du Brote und Fische vermehren wollen, Wasser in Wein verwandeln, die Körperstruktur eines mißgestaltet geborenen Kindes vervollständigen, die Alten und Gebrechlichen zu ihrer Jugend zurückbringen wollen, oder solltest du irgendeines der tausend anderen erforderlichen Dinge tun, die notwendig sind, meinen leidenden Planeten Erde ins Gleichgewicht zu bringen, so kannst du all dies mit der Schwingungskraft vollbringen, die in deinem gesprochenen Wort enthalten ist. Es wird in der Tat nicht notwendig sein zu sprechen, da die gleiche Schwingungskraft in deinem Gedanken enthalten sein wird.

Deine Worte werden nicht länger leer und ausgetrocknet sein. Ich werde sie mit all meiner Tat-Kraft unterstützen und stärken; sie werden Worte des Lebens sein.

Du wirst, wie Jesus, Meister der Elemente sein, Meister der Atome, Meister des Fleisches, Überwinder allen Übels.

Das Böse kann dir in diesem erhobenen Zustand nicht einmal nahekommen, denn die elektrische Substanz, die ausgestrahlt wird, wenn dein Körper vibriert, wird jede Unvollkommenheit innerhalb der Aura deiner Gegenwart wieder ausgleichen. Die Leprakranken in der Masse oder die Krebskranken werden durch deine Schwingung automatisch geheilt werden, wenn du vorbeigehst, ohne daß auch nur ein bewußter Gedanke deinerseits erforderlich ist.

Von den Zentren deines Körpers kannst du einen Strahl von funkelndem Licht projizieren, der in deiner erweiterten Wahrnehmung wie eine solide Stahlstange aussieht. Auf diesem Strahl kannst du zu jedem Punkt im Kosmos reisen, zu dem deines Vaters Aufgaben dich führen. Es gibt kein Überlebensproblem im äußeren "leeren" Raum entlang des Weges. Du bist mit dem *Licht-das-alles-enthält* gefüllt und *all* deine Bedürfnisse werden dadurch gestillt.

Ich werde deinen Pfad buchstäblich beleuchten, denn die beschleunigte Schwingung deiner Körperzellen wird einen weichen, auserlesenen Glanz hervorrufen, der durch deine Haut ausstrahlt und dich umgibt. Wenn du deine Hand in meine legst, wirst du wirklich nicht länger im Dunkeln wandeln. Du wirst in dieses Licht gekleidet sein, in himmlische weiße Kleidung. Du wirst dich nicht länger der Nacktheit schämen, wie es die menschliche Rasse seit dem Verlust des Paradieses tat, den alle zusammen genossen, bevor 'Satan' die Trennung verursachte, indem er das täuschende Gewebe des Scheins errichtete, die Miß-Gestaltung.

Mit 'Satan' ist der unabhängige Oberflächen-Verstand gemeint, das menschliche "Ego", das entschieden hat, es könne das Universum ohne mich regieren. 'Satan' ist der Vater allen Übels, allen Leidens, der Urheber des Todes.

Doch dein persönlicher 'Satan' ist unter deinen Füßen zertreten worden, denn nun bist du meine ideale Schöpfung, mein *Großes Kosmisches Wesen*. Du bist aus dem Geist wiedergeboren worden. Die Macht dieses Geistes hat deine vergrabene Schatztruhe geöffnet und deinen Verstand, dein Herz, deinen Körper zu voller Reife, zur Vollkommenheit ihrer Bestimmung geführt. Jene vitalen Zentren, die dir vorher mit halber Kraft dienten, leisten nun das volle Maß ihrer Leistung und Vollkommenheit.

Du hast wirklich die *Zweite Geburt* erlebt, im physischen wie im spirituellen Sinne des Wortes.

Im Augenblick deiner ersten Geburt, als du vom Schoß deiner Mutter entbunden wurdest und den ersten Atemzug tatest, fand eine wunderbare Entsiegelung in deinem Körper-Tempel statt. Die Lungen, diese beiden leistungsfähigen Werkzeuge, die den Lebensatem benutzen, waren eingebaut, diese Arbeit auszuführen, doch sie lagen zusammengefallen und schlafend da, während du dich im Mutterschoß befandest. Der Haupt-Blutstrom deines Körpers floß nicht durch sie hindurch, denn es gab keinen Grund. Er konnte nicht gereinigt oder mit Sauerstoff versehen werden in zusammengefallenen Lungen, die keinen Zugang zur Sauerstoffversorgung hatten. In deinem unreifen Kinderkörper gab es einen anderen Eingang zu und Ausgang von deinem Herzen, dem dein Blutstrom fraglos folgte. Doch bei der Geburt, im Augenblick des ersten Atemzuges, wurden die Lungen plötzlich entsiegelt, das Blut strömte gierig durch vorher unbenutzte Kanäle ein, der alternative Ausgang vom Herzen wurde für immer verschlossen – ein verblüffendes Körperorgan, das anscheinend nutzlos war, begann, seinem Lebensziel zu dienen.

Anläßlich deiner *Zweiten Geburt,* wenn das Licht des Heiligen Geistes eingeladen wird, seine Arbeit zu tun, wird er andere wichtige Entsiegelungen deiner Körperorgane auslösen, genau wie der Atemzug die Entsiegelung deiner Lungen bewirkte.

Diese *Zweite Geburt* wird geschehen, wenn du vollständig bereit bist, meinen Willen in dir geschehen zu lassen. Dies bedeutet nicht, daß du bereit bist, mich zu benutzen, um diese herrlichen Dinge hervorzubringen; es bedeutet, daß du bereit bist, dich vollständig meinem Willen zu überlassen und dich von mir für jeden Zweck, den auch immer Ich anordne, einsetzen läßt.

In diesem Zustand völliger Ergebung könnte dein unterstützendes Gebet heißen: "Danke Vater, daß Ich mit deinem Geist vereinigt bin."

Sowie du fortfährst, nach meiner Gegenwart zu hungern und zu dürsten und deine Zukunft meinem Willen anvertraust, wirst du plötzlich erkennen, daß dein Durst durch das Blut des Christus gelöscht und dein Hunger durch den Körper des Christus gestillt wird. Du brauchst nicht länger nur von Brot zu leben, denn du wirst merken, daß du zu meinem *Großen Kosmischen Wesen* aus purem Licht wirst.

Das Manna des Heiligen Geistes ist das "Brot, von dem ihr nichts wißt", das Jesus mit dir teilen wollte. Es ist die "unio mystica", die dich und den Vater vereint.

Nun bist du bereit, die Taten zu vollbringen, von denen Jesus sagte, du könntest sie tun und weiterschreiten hin zu den größeren Taten.

Du trittst nicht länger scheu an mich heran und zögerst, von mir zu fordern. Vielmehr stehst du mutig und voll Vertrauen auf, reichst mir dein Gefäß des Herzens, und Ich fülle es über und über mit dem *Licht-das-alles-enthält.* Denn nun weißt du, daß Ich mich nicht freue, wenn du mit wenig zufrieden bist. Ich möchte, daß du nach der Fülle verlangst.

Während du von meinem Heiligen Geist gibst und gibst, wirst du mehr und immer mehr empfangen.

Teil II

DIE VERWIRKLICHUNG

Warum schläfst du, meine Seele,
und lobst nicht den Herrn?

Stimme an ein neues Lied,
auf Gott, der des Preises wert ist.

Singe und sei wach für jenen, der dich
erwecken will,
denn gesegnet sei der Psalm,
den ein frohes Herz für Gott anstimmt.

Psalm des Salomon

VII.
DER WEG ZUM
CHRISTUS-BEWUSSTSEIN

Warum schläft eure Seele, meine Geliebten, und läßt euch in der Dunkelheit? Warum liegt sie unter eurem Bewußtsein begraben wie eine Schatztruhe auf dem Meeresgrund? Warum ist der *Geist-der-alles-weiß* im Zentrum eures Seins nicht zu eurem Oberflächen-Verstand durchgebrochen, so wie der Vesuv ausbricht?

Dies ist in Wahrheit genau das, was der noch unbewußte Geist immer zu tun versucht.

Seit Jahrhunderten hat er zum überdrüssigen Oberflächen-Verstand gesagt: "Wer sein Leben um meinetwillen verliert, wird es finden." Wer das, was er zu wissen denkt, verliert um den Geist in seiner Vollständigkeit zu erfahren, wird Wahrheit finden, die herrlicher ist als irgendetwas, das er je erträumte. Wer seine Begrenztheit verliert, um durch das "Tor zur Unendlichkeit" zu schreiten, wird Unbegrenztheit über jede Beschreibung hinaus finden. Wer seine Zeit opfert, um die wahre Christus-Botschaft zu studieren, wird sich nach und nach nicht mehr an die Pflichten der Welt gebunden fühlen. Wer sich auf den Knien ergibt, demütig, leer und sehnsüchtig, wird einen lang verlorenen Schatz wiederentdecken.

Der Oberflächen-Verstand war niemals dazu bestimmt, das Zentrum des Bewußtseins zu sein. Vielmehr ist er ein Zugang zum Bewußtsein, ähnlich wie die fünf Sinne. Die Augen sind der Mechanismus, doch der Verstand führt das Sehen aus. Die Ohren sind der Mechanismus, doch der Verstand führt das Hören aus. Der Oberflächen-Verstand seinerseits ist der Mechanismus, ein Zugang des Kontaktes mit der Welt für das wahre Bewußtseinszentrum, das tiefer in deinem Wesen liegt.

Dieses wahre Bewußtseinszentrum ist so völlig mit meiner Weisheit ausgestattet, daß der Oberflächen-Verstand und sein begrenztes Wissen es nicht einmal teilweise verstehen.

Jeder, der das weiß auf Erden, sollte deshalb bereit sein, den Oberflächen-Verstand, der als "Ego" bekannt ist, aufzugeben, damit er mit dem Zentrum des Allwissens wiedervereinigt werden kann.

Du weißt sehr wohl, daß ein größeres Bewußtseinszentrum irgendwo in deinem Körper existiert. Doch bilde dir einen Augenblick ein, es gäbe kein solches Zentrum und du müßtest die Leitung deines Tempels übernehmen.

Wie wirst du deine Augen anweisen, daß sie sehen? Weiß dein Oberflächen-Verstand, wie er eine gewöhnliche Farbe aufnimmt? Laß uns z.B. das Gelb betrachten. Schau während einer vollen Sekunde auf ein gelbes Kleid. Während dieses kurzen Intervalles werden die Elektronen in der Netzhaut deiner Augen etwa fünf Trillionen Mal vibrieren. Alle Wellen, die sich an allen Ozeanstränden der Welt in den letzten zehn Millionen Jahren gebrochen haben, würden keine größere Zahl ergeben.

Während diese Tätigkeit stattfindet, mußt du zur selben Zeit mehrere Trillionen anderer Dinge erledigen. Jede Zelle in deinem Körper gleicht einem einzigartigen kleinen Universum, das seine individuelle Arbeit ausführt. Doch alle müssen sich mit dem Organismus als Ganzes koordinieren. Kannst du das komplexeste Kommunikationssystem, das je erfunden wurde, deine großen Nerven-Netzwerke, kontrollieren, ohne daß sich zumindest einige Drähte kreuzen? Kannst du schnell genug denken, um unzählige Nummern und Botschaften zu empfangen und in alle Richtungen gleichzeitig zu senden? Würdest du nicht so beschäftigt und erschöpft werden, daß du nicht daran dächtest, Sauerstoff von deinen Lungen in deinen Blutstrom zu ziehen und Kohlendioxyd auszusenden? Oder vielleicht würdest du vergessen, dein Herz schlagen zu lassen? Von Trillionen von anderen Dingen nicht zu reden, die keine Sekunde vernachlässigt werden dürfen.

Kannst du schnell genug denken, die Aktivitäten deines Tempels zu dirigieren, oder willst du dich nicht lieber niederbeugen und dich wundern, wieso du so getäuscht worden bist? Wieso erhielt dein physischer Organismus einen so blitzschnellen, hundertprozentig wirksamen Verstand, wenn dein Oberflächen-Verstand so unzulänglich ist, daß die beiden kaum verglichen werden können?

Ja, der Oberflächen-Verstand ist im eigentlichen Sinne überhaupt kein Verstand. Es ist in der Tat ein falsch ausgerichtetes Bewußtseinszentrum, und wenn du "dein Leben um meinetwillen verlierst", findest du es, weil das Bewußtseinszentrum dann fähig ist, sich dorthin zurückzuverlagern, wo es hingehört.

Könntest du schnell genug denken, deine Augen oder irgendein anderes Organ in deinem Körper zu "betätigen", so würdest du überhaupt nicht denken – du würdest über das Reich des Denkens hinaus sein, im zeitlosen Reich des Seins. Dies ist der Grund, wieso der Christus-Geist nicht zu denken braucht, er ist nur.

Deshalb haben meine Kinder im Laufe der Geschichte, als sie Zeichen und Symbole, Prophezeihungen und Weissagungen, Führer und Berater verehrten, niemals einen Ersatz gefunden, der ihren spirituellen Hunger stillte. Die unstillbare Sehnsucht blieb, selbst wenn sie nicht als das Bedürfnis nach Gott erkannt wurde. Im ganzen Universum gibt es nur einen Weg, diese Sehnsucht zu stillen – durch die Ehre des auferstandenen Christus, durch Integration des Oberflächen-Verstandes mit dem Allwissen göttlichen Seins.

Es gibt nur einen Ort, diese Integration zu beginnen: dort wo dein Bewußtsein im Augenblick zentriert ist, in deinem Oberflächen-Verstand.

Ich bin ein Gott, der Verständnis verlangt, und deine Suche nach Wiedervereinigung mit mir ist eine individuelle Verpflichtung. Jeder muß, durch Denken sozusagen, für sich selber lernen, wie man aufwärts strebt in den Bereich der reinen Empfindungen und dann in den Bereich des Seins hinein.

Diese Aufwärts-Bewegung kann dort beginnen, wo du gerade bist, wenn du die gebräuchlichen Einstellungen aufgibst und dein Herz mit einem neuen Lied füllst – einem Lied der Liebe, einem Lied des Lobes, einem Lied der Dankbarkeit.

Liebe, Lob und Dankbarkeit, die aus dem Herz-Zentrum in schweigender Erwartung aufsteigen, sind die drei Eigenschaften, die deine Empfindungen zur Christus-Ebene emporheben.

Wenn du dich auf diese drei Qualitäten konzentrierst – oder auf eine davon, wenn eine dir natürlicher erscheint – und du sie dir Tag für Tag, Minute für Minute, Sekunde für Sekunde zu einer Gewohnheit machst, ungeachtet des unerfreulichen Scheins, der sich um dich herum ergeben mag, wirst du lernen, die zufälligen Mischungen deiner Gedanken zu beherrschen. Es ist natürlich notwendig, deine ungeordneten Gedanken zu sammeln und sie auf jenes Tor im Verstand zu richten, bevor du das Tor durchschreiten kannst. Die drei Herzens-Eigenschaften geben die wichtigsten Richtpunkte ab. Sie sind deine Schlüssel zum Königreich des wahren Seins.

Wenn du die Botschaft des Christus studierst und dadurch mit deinem Selbst bekannt wirst, wird die Macht der Wahrheit ein derartiges Feuer der Begeisterung in deinem Innern entzünden, daß es plötzlich für dein Herz eine Flut von Gründen gibt, freudig zu singen.

Und wenn dein Herz zu singen beginnt, bedeutet das, daß du dich vom "Rad der Wiedergeburt" zu befreien beginnst, um deine Hand in die meine zu legen. Du sendest ein "Signal der Entschlossenheit" aus und bekundest deine Bereitschaft, meinen Willen geschehen zu lassen.

Es wird auch bedeuten, daß du unaufhörlich betest, obwohl du vorher Liebe, Lob und Dankbarkeit vielleicht nicht als Gebet betrachtet hast.

Wirkliches Gebet ist im modernen Zeitalter irdischer 'Wissenschaft' tatsächlich zu einer verlorenen Kunst geworden. Seine Macht ist in Verruf gekommen. Es wird als der Weg jener von niedriger Gesinnung angesehen, als die Methode, die von schwachsinnigen Anfängern benutzt wird, als die letzte Zuflucht der Sünder. Diese Meinungen über das Gebet herrschen in vielen Gemütern vor, trotz der Tatsache, daß Jesus mit seinem erleuchteten Verstehen Tage und Nächte in hingebungsvollem Gebet verbrachte und Heilige, durch die Geschichte hindurch, ihr

Bewußtsein zur Ebene der Heiligkeit erhoben haben, indem sie auf Knien beteten. Wenn du das "Tor zur Unendlichkeit" nie flüchtig erblickt hast, so liegt dies daran, daß auch du die Kunst des Betens verlernt hast. Du hast jenes "Tor" im Dunkel verloren, denn hättest du es im Licht des Gebetes gesucht, hätte es am Ende erleuchtet vor deinem suchenden Blick gestanden.

Entgegen deiner herkömmlichen Auffassung sind die Worte kein Gebet, die du in Notlagen hastig wiederholst, wenn sich dein Oberflächen-Verstand plötzlich an mich erinnert. Gebet ist die vorherrschende Einstellung, die dein Verstand und deine Gefühle für eine dir wichtige Sache pflegen.

Wenn du schnell zu mir um Hilfe betest ohne tiefe Empfindung, außer vielleicht jener der Verzweiflung, und dann zu deinen vorherigen mentalen Einstellungen von Angst und Zweifel zurückkehrst und deine Kraft in sie investierst, wozu wird dann wohl dein Gebet werden? Was fällt in das große unbewußte Reservoir: die rasche Bitte um Hilfe oder die vorherrschenden, beständigen Einstellungen, an denen sich deine Gefühle festhalten?
Wenn du die nötige Anstrengung aufbringst, deine althergebrachten Verhaltensweisen zu erneuern, indem du sie durch den

frohen Lobpreis ersetzt, so wirst du die verlorene Kunst des Betens wiedergewinnen, und Liebe, Lob und Dankbarkeit werden zu deinem Lebensweg werden.

Als Ich dir 'befahl', mich mit deinem ganzen Herzen, deiner ganzen Seele und deinem ganzen Verstand zu lieben, tat Ich es, weil diese Haltung es ermöglicht, aufwärts zu streben zur Christus-Ebene hin.

Sogar wenn du es ehrlich versuchtest, fiel es dir in der Vergangenheit schwer, mich wirklich zu lieben. Dies geschah, weil es keine Funktion des Oberflächen-Verstandes ist, Liebe zu Gott oder Liebe zu den Mitmenschen zu entwickeln. Zuerst ist Wahrheit erforderlich, und wenn die gegenwärtig ist, ist auch Liebe da.

Wenn du deinen Verstand auf die beglückende Wahrheit ausgerichtet hältst, wie du und Ich in Verbindung stehen, wie wir uns ergänzen, wie wir unzertrennlich Eins sind, ob es dir bewußt ist oder nicht, wirst du dich nicht länger zwingen müssen, mich zu lieben, indem du einen Sturm von Willenskraft und Entschlossenheit entfesselst.

Wenn es dir jedoch mißlingt, deinen Verstand auf diese Wahrheit ausgerichtet zu halten, wenn du sie hörst und wieder vergißt und weiterhin an mich denkst als einen Gott, der weit entfernt ist, so werde Ich dir in dieser Haltung zu undeutlich und für ehrliche Liebe zu weit entfernt bleiben. Oder wenn du vielleicht zu der alten Gewohnheit zurückkehrst, zu denken, Ich sei ein Gott des Zornes und warte darauf, dich bei deinem ersten Fehler zu bestrafen, wird die Angst vor mir deine Liebe weit überwiegen. Kehrst du zu dem Denken zurück, du könntest mich erst nach dem Tode kennenlernen, so wirst du wahrscheinlich bis nach deinem Tod warten müssen, um irgendetwas von mir zu spüren, besonders dann, wenn du dich durch den Glauben täuschen ließest, daß die Zukunft deiner Seele durch Mitgliedschaft in einer bestimmten Kirche gesichert sei. Wenn du glaubst, Ich leite deine Aktivitäten durch führende Geistwesen, wirst du sie vergöttern anstatt mich als dein führendes Vater-Bewußtsein zu lieben.

Aus all diesen Gründen muß Verstehen vor echter Liebe zu mir kommen. Verstehen wird deinen Verstand mit einer derartig schönen, wünschenswerten, erreichbaren Vision erfüllen, daß du nie zu versuchen brauchst, mich zu lieben. Liebe wird deinen Verstand und dein Herz jedesmal spontan überfluten, wenn du an diese große Vision denkst.

Wenn du die Vision zu dir heranziehst, sie mit allen Einzelheiten, die du zusammentragen kannst, erweiterst – sie wird sich immer weiter ausbreiten – so wird das Licht des Christus in dir jeden Tag heller leuchten.

Du kannst nicht "in dieser Welt, doch nicht von ihr" sein, ohne zuerst die Bedingungen zu erfüllen, die dich lichtwärts leben lassen, bis die Schwelle jenes "Tores" überschritten ist. Und du kannst diese Bedingungen nicht erfüllen, solange du darauf bestehst, die Dualität von Gut und Böse auf Erden anzubeten: Es ist notwendig, deine Angst vor dem Bösen und deinen Wunsch nach irdisch Gutem aufzugeben, bevor du dich genügend von dieser Welt loslösen kannst, um zu fordern, nicht "von ihr" zu sein.

Wenn du lernst, daß im Bewußtsein des Christus alles Vollkommenheit ist, reicht das aus, um sogar das größte irdische Gut beim Vergleich seinen Glanz verlieren zu lassen.

Von allem, was du von dieser Welt empfängst, ist die Wahrheit die kostbarste Sache, die du besitzen könntest. Wenn du mein Wort, wie es dein Freund Jesus lehrte, richtig verstehst und hegst, wird eine derartig starke Schwingung in deinem Wesen in Gang gesetzt, daß die Schwingung selbst es ermöglichen wird, diese Wahrheit zu leben;

und sie zu leben wird dich befreien. Mich mit deinem ganzen Herzen, deinem ganzen Verstand und deiner ganzen Seele zu lieben, wird im Hinblick auf diese Tatsache zu einer ganz natürlichen Sache werden. Wenn du meinen "Stern der Wahrheit" wirklich in dein Herz aufgenommen und ihn im Heiligtum deines Bewußtseins verborgen hast, wirst du nicht aufhören können, mich zu lieben, selbst wenn du es versuchtest. Denn egal wie oft dein Oberflächen-Verstand seine Zweifel ertönen lassen mag, dein Herz wird dieses vertraute Wort erkennen und dein Oberflächen-Verstand wird am Ende zur Beschämung gebracht werden.

Der"Stern der Wahrheit" in deinem Innern wird eifrig glühen, wenn du ihn weiterhin nährst. Und der große Tag wird kommen, an dem er aufleuchtet wie eine flammende Supernova, die sich mit dem Licht deines Lebens vereinigt. Zu diesem Zeitpunkt wird das Wort Fleisch geworden sein. Eine der Kräfte, die in deiner gesunkenen Schatztruhe enthalten sind, die Kraft, zu beschleunigen und zu vervollkommnen, ist freigesetzt und durch das Licht des Heiligen Geistes verstärkt worden.

Ja, unternimm was immer an Anstrengung erforderlich ist, die Botschaft des Christus zu erfahren, und nachdem du sie erlernt hast, wirst du erkennen, daß mich zu lieben eines der einfachsten Gebote ist, das Ich je erließ. Deinen Nächsten wie dich selbst zu lieben, wird dann auch leichter sein. Denn all deine Nächsten werden zu einem untrennbaren Teil der herrlichen Christus-Vision werden, die in deinem Herzen leuchtet. Du wirst sie nicht länger als Individuen betrachten, die aufgrund verschiedener Pläne erschaffen wurden, von denen einige dumm-dreist, andere intelligent, einige häuslich, andere edelmütig, einige geizig, andere großzügig, einige gehässig, andere herzlich sind. Alle werden sich in deiner Vision vereinigen, und du wirst wissen, daß alle wirklich vollkommen sind, da Ich das Licht des Lebens eines jeden bin. Welche Unvollkommenheit auch immer dein Bruder oder deine Schwester in seinen/ihren Handlungen bekunden mag, wird bloß durch seine/ihre falsche Auffassung verursacht, ein einsamer Mensch zu sein, der so gut er kann, ohne mich auskommen muß. Indem du das erkennst, kannst du ihm all seine Taten vergeben, denn er weiß nicht, was er tut.

Dies gibt dir jedoch kein Recht, zu entscheiden, es wäre notwendig für ihn, sich zu bekehren und zu versuchen, ihm deine Meinungen aufzuzwingen. Auch verpflichtet es dich nicht, seine Meinungen anzuhören oder deine Wege zu ändern, um dich seinen

Erwartungen anzupassen. Es läßt euch beide frei, eure eigenen Wege zu gehen, mich mit euren eigenen Methoden zu suchen oder mich überhaupt nicht zu suchen.

Deinen Nächsten wie dich selbst zu lieben hat wenig damit zu tun, begierig und viel am Gesellschaftsleben teilzunehmen. Es hat wenig damit zu tun, dem Dominieren deines Nächsten nachzugeben um der menschlichen Harmonie willen. Es hat wenig damit zu tun, deine Zeit zu verschwenden, während du seine Trägheit nachsiehst.

Es hat viel damit zu tun, schweigend an deiner Vision des Christus in ihm festzuhalten, ohne ihn verantwortlich zu machen, entsprechend diesem hohen Ideal zu handeln. Er mag voller Fehler sein, doch du solltest verstehen, daß sie sich eines Tages alle auflösen werden, wenn er sich entscheidet, nach meinem Licht zu suchen. Er wird aus seinem Menschsein aufsteigen, wie der legendäre Phönix aus seiner eigenen Asche aufstieg, und wenn er sich über jenes "Tor" hinausschwingt, werden "die Jahre, die die Heuschrecken gefressen haben", ihm voll erstattet werden. Denn all die Zeitalter verlorenen Wanderns, seit er zusammen mit dir aus dem Paradies fiel, werden dann nicht mehr als ein Flackern sein in dem zeitlosen Sein meines ewigen Kosmos. All diese durchlittenen Zeitalter mit ihren Sorgen und Nöten werden in der wahren Bruderschaft des auferstandenen Christus vergessen sein.

Du wirst dich selbst wahrscheinlich nicht durch das "Tor" emporschwingen, wenn du von dem Gewicht der Meinung niedergedrückt wirst, du müßtest deinen Nächsten mitziehen. Es ist deine Verantwortung dir selbst und mir gegenüber, dein Bewußtsein auf das höchste Gut für alle gerichtet zu halten. Werde nicht zum Spezialisten unter deinen Freunden und Bekannten, während so viele meiner geliebten Kinder in der ganzen Welt Gebet bitter benötigen. Erweitere deine Vision zu unpersönlichem Bewußtsein und schließe sie alle ein.

Keines meiner Gebote ist so schwer zu halten, wie oft angenommen wurde, wenn sie richtig verstanden werden. Ich wünsche nicht, daß du in irgendeiner Weise Gewalt oder überwältigende Anstrengung einsetzt. Dies ist nicht die Methode, die der gütige, freundliche, friedliche Geist anwendet. Vielmehr wünschte ich mir, du entspanntest dich regelrecht in das Gewahrsein meiner Gegenwart hinein und betrachtetest die Wahrheit für alle auf Erden, während du dir bewußt bist, daß mein Licht in deinem Innern leuchtet. Dann liebst du mich wirklich, und dann liebst du deinen Nächsten wie dich selbst.

Die zweite Eigenschaft, die dir hilft, zum Reich des Seins hin zu streben, ist die Lobes-Haltung. Sie ist der Liebe so ähnlich, daß sie von ihr untrennbar ist.

Preise mich, von dem aller Segen fließt, und wenn du es tust, wird in deinem Herzen die allgegenwärtige Christus-Schwingung angeregt werden. Der Versuch, deinen Verstand zu leeren und alle Gedanken abzustellen, wird dir wenig helfen, dich zu jenem "Tor" emporzuschwingen. In meinem ganzen Kosmos gibt es keinen Platz für Leere, am wenigsten in den Gemütern der Menschen. Stattdessen möchte Ich, daß du deine Gedanken auf die erhabene Christus-Ebene richtest und lernst, sie dort zu halten, bis mein innerer Friede die Führung übernimmt.

Erkenne, daß aller Segen allein von mir ausgeht, und das wird dir helfen, dein Herz mit Lob zu füllen. Jedes Stück Materie, das du berührst, schwamm im unendlichen See des Heiligen Geistes. Fühlst du nicht ein wenig Ehrfurcht, daß derartige Verwandlungswunder ohne Aufenthalt geschehen konnten und doch unbemerkt blieben? Denke nochmals an die saftige, rote Tomate, wenn du sie in deiner Hand hältst. Wo waren vor einem Jahr, bevor der Same ausgesät wurde, die Atome, die nun zusammengefügt sind in dieser köstlichen Frucht? Waren sie nicht Teil meines unsichtbaren Heiligen Geistes?

Kein Wunder, daß Jesus dir riet, die Lilien des Feldes zu betrachten, wie sie wachsen. Betrachte sie einen Augenblick lang. Sie arbeiten nicht, noch spinnen sie, noch sorgen sie sich um morgen. Ihre Wachstumskraft bedient sich ohne zu zweifeln meiner unsichtbaren Lebensessenz, und siehe wie gut sie gekleidet und ernährt sind.

Wenn du ehrlich suchst, wirst du den Beweis meiner Allweisheit finden, wo immer du hinschaust; sie offenbart sich in der ganzen Natur. Das strukturelle Grundmuster aller Materie reicht aus, den Oberflächen-Verstand mit Gedanken von Lob und Staunen zu füllen. Das Atom ist wie ein winziges Sonnensystem mit einem zentralen Kern ausgestattet, der der Sonne vergleichbar ist, und der von einem oder mehreren Elektronen umgeben wird, die in äußeren Hüllen, ähnlich den Planeten, kreisen. Zwischen dem Kern und den Elektronen besteht ein breiter Raum; jeder einzelne Teil bewegt sich unaufhörlich. Somit ist jene Tomate, die sich in deiner Hand so fest anfühlt, mehr Raum als Materie, und keines ihrer inneren Elemente ist je für eine Sekunde im Ruhezustand. Wenn du dich über die alte Gewohnheit er-

heben willst, alles für gegeben hinzuneh-
men, wenn du dich ehrlich von der beleben-
den Kraft des Lobes inspirieren und anregen lassen willst, so wirst du, wo immer du
in der Natur oder bei deinen Mitmenschen
hinschaust, überzeugende Beweise finden,
deine Vorstellung zu nähren.

Mein Wirken hört niemals auf, und es gibt
mehr Wunder direkt hier auf Erden als diese
Welt sich erträumt, von den unzähligen
Wundern meiner himmlischen Reiche ganz
zu schweigen.

Ich bin wirklich in allem und durchdringe alles. Du kannst mich in meinen Offenbarun-
gen schauen, wenn du nur deinen Verstand
erweiterst und offenen Auges durch die
Welt gehst.

Die dritte Eigenschaft, die die Christus-
Schwingung verkörpert, ist Dankbarkeit.

Diese Eigenschaft ist ebenfalls so eng mit
Liebe und Lob verbunden, daß sie von ihnen
untrennbar ist. Wenn du die strahlende
Christus-Vision akzeptierst und dir erlaubt
hast, sie zu lieben; wenn du deinen Intellekt
entspannt und gelernt hast, meine Allge-
genwart zu betrachten, wird Dankbarkeit
die natürliche Reaktion auf all das sein.

Wenn du die unbeschreibliche Zukunft betrachtest, die jedes Mitglied der menschlichen Rasse erwartet, sobald es aufsteht und sie fordert, wird automatisch Dankbarkeit in dir aufsteigen und dein Herz erfüllen. Die Schwingung der Dankbarkeit ist eine derart schöpferische Kraft, daß sie allein, wenn du sie kontinuierlich zuläßt, dich schneller als du es wahrnehmen kannst, aus der Miß-Gestaltung herausheben und dich befreien könnte.

Beginne, dich mit Dankbarkeit zu erfüllen, indem du deinen noch unerschlossenen Verstand und seine vielen verborgenen Schätze betrachtest. Bedanke dich für jenen Verstand. Wo wärest du ohne ihn? Es ist derselbe Geist, den du benutzen wirst, größere Taten zu vollbringen als Jesus. Es ist derselbe Geist, dasselbe Bewußtsein, durch das du die unbeschreiblichen Wunder des Kosmos erleben wirst. Es ist derselbe Geist, durch den mein Licht in den Körper deines leidenden Bruders fließen wird, damit er geheilt werden kann.

Du hast lange Zeit mit diesem Verstand gelebt. Wie oft hast du angehalten, um über seine umfassenden Talente zu staunen und Dankbarkeit zu verspüren, daß eine so wunderbare Ausstattung dir gehört. Vervielfältige diese Dankbarkeit und danke ehrerbie-

tig für allen Verstand aller Menschen auf Erden. Denke an dein Herz und an sein uner-
müdliches Bestreben, deine Zellen mit der
Lebensflüssigkeit zu versorgen. Durch dieses gegenwärtig sich öffnende Zentrum
wird die welt-erschütternde Schwingung
der Christus-Liebe bald fließen. Während
du die Nähe eines derartig ereignisreichen
Geschehens betrachtest, betrittst du den Bereich tiefen Vertrauens.

Bedanke dich für deine Sinne und verstärke
jeden einzelnen. Durch diese Sinne erfreust
du dich meiner geliebten Welt; durch diese
vereinigten Sinne wirst du dich der kristalle-
nen Schönheiten meiner vielen auf dich war-
tenden Reiche erfreuen.

Bedanke dich für zehntausend andere
Dinge, die dir jeden Tag nützen und die du
gewöhnlich für gegeben hinnimmst.

Gehe dann einen großen Schritt weiter und
bedanke dich für die Dinge, die du haben
möchtest, so als hättest du sie schon bekommen. Schau auf des *Große Kosmische Wesen*, das so klar aus deiner Vision hervortritt
und bedanke dich, daß diese heilige Person
niemand anderes ist, als du selbst. Du bist es
selbst, bist es immer gewesen, doch da du
dieses Wesen auszehren ließest, bedanke
dich, daß du diese Tat rückgängig machen

kannst und sieh, wie es zum Leben aufsteigt. Diese drei Eigenschaften sind deine perfekt passenden Schlüssel, die Schlüssel des "Tores zur Unendlichkeit". Diese Schlüssel werden liebevoll in deine Hände gelegt. Du mußt sie ausdauernd benutzen, wenn du dieses Tor auffliegen sehen willst. Denn es kann nur von einer Seite aufgeschlossen werden.

Ersetze den Strom leeren Denkens, der durch deinen Verstand geflossen ist, durch einen individualisierten Aspekt dieser drei Eigenschaften, und dein Herz wird ein frohes Gebet erklingen lassen, jene Art von Gebet, die nie ohne Wirkung bleibt.

Denke nie an deine Probleme und Unzulänglichkeiten, wenn du dein Herz mit Gebet erfüllst. Dein Problem zu betrachten, verleiht ihm die Substanz deiner Gedanken-Kraft und verschärft es. Zusätzlich geht deine Ausrichtung auf Christus in dem Augenblick verloren, in dem der Gedanke an ein Problem in dein Gebet eindringt.

Erlaube dir, nur mich zu betrachten, sowie die Schätze, die im Himmel aufbewahrt werden für all meine Kinder, sobald sie das Tor aufschließen.
Wenn du diese drei Eigenschaften in das Gefüge deines täglichen Lebens einwebst,

wirst du mit großem und mächtigem Vertrauen erfüllt werden, denn Liebe, Lob und
Dankbarkeit sind Hauptbestandteile jener
wesentlichen Eigenschaft.

Nimm deine Schlüssel auf, mein geliebtes
Kosmisches Wesen, nimm deine Schlüssel
auf, öffne das Tor weit und betrete deine dir
verheißene Wohnung. Werde zum verlorenen Sohn, der in seines Vaters Haus zurück-
kehrt. Alle Gastgeber des Himmels warten,
dich zuhause willkommen zu heißen.

VIII.
NEUE PFADE

Es wird sehr schwierig sein, Liebe, Lob und Dankbarkeit zu einer Dauerhaltung zu machen, wenn es dir mißlingt, mit der Gewohnheit zu brechen, nach dem Schein zu urteilen. Die Probleme und Nöte auf menschlicher Ebene können nicht ignoriert werden, so als gäbe es sie nicht. Nur indem du deinen Blick einzig auf die Herrlichkeit meiner Gegenwart gerichtet hältst, auf die Herrlichkeit, die unter dem Schein liegt, wirst du fähig sein, dich mit den "alles umfangenden Armen" des Heiligen Geistes vertraut zu machen.

Die ganze Zeit über mag das Gewebe des Scheins da sein, mit dem du ringen mußt. Doch laß dein gequältes Herz still werden inmitten dieses großen Sturmes, während die drei Eigenschaften dein Vater-Bewußtsein erwecken. Der Vater beherrscht jeden Sturm, der wütet.
Wenn du weiterhin den Schein und die Schwierigkeiten als von mir gesandt betrachtest, ist das so als versperrtest du den Weg, über den Ich dir helfe.

Durch erweitertes Verstehen wird jeder Schein vernichtet. Akzeptierst du den Glauben an menschliche Unterschiede im Hinblick auf irgendeine Situation, ohne nach diesem erweiterten Verständnis zu suchen, so hast du einen Staudamm quer durch den Fluß der Wahrheit errichtet.

Große Menschen aus biblischen Zeiten waren nicht Menschen, die die Dinge nach ihrem Schein annahmen; sie waren die Menschen, die den Schein herausforderten, die Menschen, die sich weigerten, einen Gott zu akzeptieren, der weniger als vollkommen ist.

Hiob war mit den volkstümlichen Begriffen seiner Zeit nicht einverstanden, die lehrten, daß das Unglück aufgrund von Sünden über ihn kam. Er lebte natürlich im Rahmen irdischer Gesetze, und er hatte geerntet, was er gesät hatte. Doch er besaß den Mut abzustreiten, daß Ich ihn für eine Schwäche leiden ließe, die ich ihm gegeben hatte, da er doch sein Bestes getan und sich keiner großen Sünde bewußt war. Er suchte nach einer sinnvolleren Erklärung. Aufgrund seines Strebens erreichte er eine höhere Verständnisebene und gewann das Verlorene zurück.

Elias konnte schwer glauben, daß sein Gott ein Mörder sei. Tausende meiner Söhne und Töchter haben nach dem Schein geurteilt und den Tod als meinen Willen akzeptiert. Elias rebellierte aufbrausend, indem er unter Protest aufschrie, daß Ich sogar kleine Kinder mordete! Das Kind, das vor seinen Augen gestorben war, stand auf und lebte wieder.

Sogar die Jünger Jesu ließen sich leicht vom Schein trügen. Vor der Kreuzigung sagte er ihnen deutlich, er würde nur sterben, um wieder aufzuerstehen. Doch als sie Zeuge seines beschämenden Todes wurden, urteilten sie allein nach dem, was sie sahen und verloren ihr ganzes Vertrauen in seine herrliche Botschaft des ewigen Lebens.

Der fragende Verstand weigert sich, den Schein zu akzeptieren; das Offensichtliche befriedigt ihn nicht. Tausend religiöse Autoritäten könnten ihre Dogmen von Gut und Böse predigen, und ein wirklich suchender Geist würde es anhören und unzufriedener sein als zuvor.

Meine Kinder werden erst dann die Wahrheit erleben, wenn sie aufstehen und den Schein herausfordern, wenn sie überlieferte Meinungen wegwerfen und Raum schaffen für einen unabhängigen, flüchtigen Blick auf meine himmlische Gegenwart.
Suche und du wirst finden, hieß das Versprechen. Doch wenn du nicht suchst, wenn du

denkst, du hast schon gefunden, wirst du deine Hand nie nach der meinen ausstrecken.

Neuer Wein kann nicht in alte Flaschen gefüllt werden, wenn die alten Flaschen bereits voll sind. Neue Wahrheit kann nicht in meine Kinder gegossen werden, wenn sie schon mit einem augenfälligen Gott zufriedengestellt wurden. Wenn du an die jahrhundertealte Idee glaubst, daß Ich dich mit der Fähigkeit zu sündigen schuf und dich dann leiden ließ, weil du gesündigt hast, wirst du wahrscheinlich, dieser hoffnungslosen Situation untergeordnet, durchs Leben gehen und versuchen, vollkommen zu sein; doch die ganze Zeit weißt du, daß Vollkommenheit außer Reichweite ist.

Vollkommenheit und Wahrheit lassen sich beide aneignen, indem du deinen Oberflächen-Verstand leer machst, dann suchst, fragst und fortwährend nach Zeichen meiner allheilenden Gegenwart Ausschau hältst. Anfangs mag es erscheinen, als gelangtest du nirgendwo hin, als würde all dein Sehnen ignoriert. Dies geschieht nur, weil es lange her ist, seit du versuchtest, dein Vater-Bewußtsein zu wecken, welches vom menschlichen Standpunkt aus gesehen in tiefem Schlaf liegt.
Der Himmel ist natürlich in dir, wo er immer war, und nur wenn du den Schein verwirfst,

und beginnst, dich nach der Vollkommenheit des Himmels auszustrecken, wird er
sich rühren.

Hätte Jesus sich – nachdem Lazarus starb –
mit dem Schein zufriedengegeben, hätte es
kein belangvolles Ereignis wie das Auferste-
hen eines Toten gegeben. Es waren immer-
hin vier Tage vergangen, und Maria und
Martha waren ziemlich sicher, daß es viel zu
spät sei, da der Verfall des Fleisches schon
eingesetzt hatte.

Jesus sagte immer: "Urteile nicht."

Hinter dem Schein befinden sich die allheilenden Hände der vollkommenen Welt, die
Ich schuf. Fälle nur gerechte Urteile in Übereinstimmung mit diesem Wissen. Unter
dem irrigen Oberflächen-Verstand befinden
sich die allheilenden Hände deines Zen-
trums der Allweisheit und der Vollkommenheit.

Zeichen meines inneren himmlischen Königreiches gehen deinem Verständnis von
dieser Wahrheit nicht voraus, sie folgen
ihm. Zeichen gehen auch deinem Vertrauen
nicht voraus, sie folgen ihm.

Gib dein bestes Urteil ab, das du, mit dem
Schein ringend, geben kannst, doch richte

deine Gedanken und Gefühle weiterhin auf die ewige Vollkommenheit, die unter dem Gewebe der menschlichen Miß-Gestaltung liegt.

Während du diese erneuernden mentalen Kräfte einsetzt und Sorge und Enttäuschung durch das frohe Lied des Herzens ersetzt, wirst du endlich auf den mächtigen Felsen des Vertrauens bauen.

IX.
DER MÄCHTIGE FELS

Das alte irdische Gesetz, nach dem du erntest, was du säst, kann an sich wieder angewandt werden, um deinem Bewußtsein zu
helfen aufzusteigen. Dieses Gesetz sagt
deutlich: Wenn du Tomatensamen säst,
wirst du reife Tomaten ernten; wenn du
Liebe säst, wirst du Liebe ernten; wenn du
Glauben an meine Vollkommenheit überall
um dich herum säst, wirst du völlige Ver-
trautheit mit dieser Vollkommenheit ernten;
wenn du eine Vision deines *Großen Kosmischen Selbst* pflanzt, wird dein Erntetag un-
vermeidlich kommen. Da Gleiches immer
Gleiches erzeugt, ist dies ein Gesetz unendlicher Anwendung, es funktioniert auf jeder
Schwingungsebene, es kann undenkbar gebrochen werden. Denn Dornen wachsen
nicht auf Disteln und ebenso wachsen keine
saftigen roten Tomaten auf Apfelbäumen.

Wenn du im Gebet um Brot bittest, werde
Ich keinen Stein schicken, und wenn du die
Saat des *Lebendigen Christus* pflanzt, wirst
du mehr als besseres Menschsein ernten.
Wenn du mich, dein Vater-Bewußtsein, um
die Gaben des Heiligen Geistes bittest,
schicke Ich dir nicht Enttäuschung.
Meine Gaben werden so freigebig blühen,

daß dein Herz in einen Lobgesang ausbrechen wird, ähnlich demjenigen, den Clemens vor vielen Jahren sang: "Wie gesegnet und wundervoll sind die Gaben Gottes, ihr Geliebten. Leben in Unsterblichkeit! Glanz in Gerechtigkeit! Wahrheit in voller Sicherheit! Vertrauen in Zuversicht! Mäßigkeit in Heiligkeit! Und all dies hat Gott unserem Verständnis unterworfen."

Du hast die Fähigkeit zu glauben, wie Clemens es tat, daß Ich dich wirklich vollkommen machte und dich in eine vollkommene Welt setzte. Und diese Vollkommenheit gehört dir und ist deinem Verständnis unterworfen. Sie ist deinem Willen zu glauben unterworfen. Sie ist deinem Vertrauen unterworfen.

Jeder kann an Ereignisse glauben, die er gesehen hat. Jeder kann an Ereignisse glauben, über die täglich in den Medien berichtet wird. Jeder kann an neue Erfindungen oder große wissenschaftliche Entdeckungen glauben – nachdem sie bewiesen worden sind. Jeder kann an den unverkennbaren Gott glauben, wenn die "unmögliche" Vollkommenheit weggelassen worden ist.

Wenn du Vertrauen nur dazu benutzt, Dinge hervorzubringen, von denen du weißt, daß sie geschehen können, erwartet dich eine wunderbare Entdeckung, wenn du Vertrauen anwendest, um Dinge hervorzubringen, die über den Bereich menschlicher Vernunft hinausgehen. Dieser "Bereich darüberhinaus" ist tatsächlich die Heimat des Vertrauens, das Reich, in dem Vertrauen wirksam ist.

Bis genug Vertrauen ausgeübt wurde, um wie Weihrauch in diesen "Bereich darüberhinaus" aufzusteigen, wirst du unfähig sein, deine menschliche Ebene zu übersteigen. Bist du erkennst, daß meine Methoden wirklich über das menschliche Verstehen hinausgehen, wirst du einfach den Verstand in dir, der auch in Jesus Christus war, nicht aufrühren. Denn Jesus hatte nicht nur Vertrauen in meine 'unmöglichen' Methoden, er hatte so großes und mächtiges Vertrauen, daß seine Wünsche mit der Geschwindigkeit von Gedanken zu Erfahrungen wurden.

Es ist unnötig zu sagen, daß Vertrauen eine sehr dynamische Schwingung ist. Es ist die vereinigte Schwingung der mächtigen lichtwärts gerichteten Kräfte. Es ist eins mit der Schwingung meines Heiligen Geistes. Wenn deshalb Vertrauen in Bewegung gesetzt wird, ermöglicht es die immerwährende Verwandtschaft zwischen deiner Seele und meinem Licht.
Du hast viele Male Vertrauen benutzt. In Nö-

117

ten hast du Vertrauen benutzt, um dir die Dinge, die du befürchtest, heranzuziehen. Du magst Vertrauen in die Armut benutzt haben, um dich selbst im Mangel zu halten. Du hast Vertrauen in Begrenzung benutzt, um deine Talente zurückzuhalten. Du hast Vertrauen an körperlichen Zusammenbruch benutzt, um die Realität deiner Lebenskraft, die Realität ewiger Jugend, zu zerstören. Du hast darauf vertraut, daß Lebensspannen von kurzer Dauer seien, um dich selbst an die Zyklen von Geburt, Kindheit, Alter, Tod; Wiedergeburt, Kindheit, Alter, Tod gefesselt zu halten.

Da Vertrauen so oft benutzt worden ist, um Zerstörung über dich zu bringen, hast du bereits geübt, starkes und mächtiges Vertrauen anzuwenden. Alles, was du nun zu tun hast, ist, deine Einstellung umzukehren und mir dein Vertrauen zu gewähren, indem du es für die Entfaltung des heiligen Urmusters nutzt, das in deiner Seele gefangen liegt. Deine Einstellung, auf dem Felsen des Vertrauens neu aufzubauen, bewirkt, daß sie zu einem festen Fundament unter deinen Füßen wird, das absolut unerschütterlich ist. Wenn du einmal gründlich verstehst, daß die Wege des Vater-Bewußtseins dem Oberflächen-Verstand der Menschen unbegreiflich sind, kann dein Vertrauen von keinem Lebenden mehr ins Wanken gebracht werden. Es wäre für den ungläubigen Thomas leichter, die Erde selbst zu erschüttern, als dieses feste Fundament, auf dem du stehst.

Ein Wunder ist bloß eine Manifestation von Vollkommenheit im Erdreich, die bereits im zeitlosen Bereich des Seins existiert. Wunder könnten unter meinen Kindern täglich geschehen, würden sie alle aufwärts zur Christus-Ebene streben und sich weigern, sich von falschem Glauben zurückhalten zu lassen. Das durchschnittliche menschliche Bewußtsein ist jedoch so sehr im Druck täglichen Lebens verfangen, daß eine emotionale Verstärkung notwendig ist, damit es um einen winzigen Grad angehoben werden kann. Vertrauen kann auf einer so niedrigen Ebene, auf der es keine Sehnsucht gibt, nicht ausgeübt werden, es sei denn, damit es noch mehr menschlich Gutes und Böses hervorbringt.

Großes und mächtiges Vertrauen auszuüben bedeutet, nach innen zum Christus zu schauen, nicht nach außen in die Dunkelheit.

Jesus selbst trat vielen entgegen, denen er wegen ihrer unerwachten Haltung nicht helfen konnte. Der Oberflächen-Verstand dieser verlorenen Seelen war so vollständig der Wahrheit verschlossen, daß nicht einmal ein

Schimmer von ihr durchdringen konnte. Diejenigen, die bereits ihre „Götter" hatten, spotteten und verfolgten ihn. Andere kamen, ihn anzubeten, da er übermenschliche persönliche Kräfte zu haben schien. Nicht viele verstanden die Wahrheit, die er offenbarte, gut genug, um sie für sich selbst anzuwenden.

Wenn du vom „Rad der Wiedergeburt" befreit werden willst, mußt du die Wahrheit lernen und sie dann glauben, bis sie durch meinen Geist bewiesen wird.

Glaube ist das teilweise Öffnen deines Herz-Zentrums, und wenn er nicht da ist, ist dein Herz völlig geschlossen.
Vertrauen ist viel mehr als Glaube. Vertrauen bedeutet, daß das Herz weit geöffnet ist, eine dynamische Schwingung ausstrahlt und bereit ist, mit Licht gefüllt zu werden.
Glaube erweitert sich zu Vertrauen, wenn er genährt, gehegt und ausgeübt wird. Vertrauen geht in erlebtes Wissen über.

Der Punkt, der in allen Lehren des Meisters am stärksten betont wurde, war der, daß du glauben mußt. Die größte Abschreckung deiner Fähigkeit, lichtwärts zu streben, ist Zweifel, jene unbeständige, schwankende Haltung, die dein Herz ganz gefangen hält. Was geschieht mit dem Wasser in einem Behälter, wenn dessen Boden voller Löcher ist? Du bist ein Gefäß für mein Wasser des Lebens, doch wenn du voller Zweifel bist, ist dieses mit Löchern versehen und mein Wasser fließt geradewegs hindurch.

Glaube sollte auf Dinge angewandt werden, die über den Bereich dessen hinausgehen, was möglich erscheint. Denn wenn du dich zu den lichten Höhen des Glaubens erheben kannst, wird „Vertrauen wie ein Senfkorn" sicher folgen. Es ist eine Tatsache, daß ein bißchen Vertrauen für eine lange, lange Strecke reicht. Und ein bißchen Glaube kann jenes bißchen Vertrauen anregen.

Der Schein sagt, daß hinter der nächsten Ecke stets harte Zeiten lauern. Erwarte sie und bereite dich auf sie vor. Die immer noch leise Stimme deines in dir wohnenden Vater-Bewußtseins sagt, daß Vollkommenheit überall auf dich wartet. Drehe dich vertrauensvoll zu mir um, und Ich werde dir diese Vollkommenheit offenbaren. Wenn du Glauben säst, wird dein erschöpfter Oberflächen-Verstand ewige Ruhe ernten. Auch wenn du für alle Welt hörbar singst, du würdest an mich glauben, doch verneinst, daß mein Reich des vollkommenen Seins von allen auf Erden genossen werden kann - hier, jetzt und für immer - so verneinst du mich in der Tat. Dein Glaube bleibt hinter dem zurück, was Ich von dir erwarte. Du verleugnest mein Wort der Wahrheit. Mein Wohl ist über zahllose Zeitalter hinweg vorbereitet worden; es wird deinem Auge in Übereinstimmung mit deinem Vertrauen enthüllt. Wenn du beginnst, aufwärts zur Christus-Ebene zu streben, so wirst du die Gewohnheit ablegen, Vertrauen in Mißlingen, Vertrauen in Armut, Vertrauen in Not zu setzen; und du wirst die Gewohnheit annehmen, Lob zu singen für meine Gaben. Dem freudigen Singen deines Herzens unterworfen, kannst du diese kostbaren Gaben erleben. Wie du jetzt wissen mußt, ist meine Kraft im Inneren stärker als irgendeine Schein-Kraft im Äußeren. Meine Kraft im Inneren kann dich vom gewaltigsten Sturm, der je tobte, erlösen. Diese Kraft im Inneren wartet nur darauf, durch den Kanal deines Vertrauens zu strömen.

Du lebst immer auf der Ebene, auf der dein Bewußtsein verweilt. Folglich ist es nicht notwendig, daß du das Geheimnis lernst, wie das Unsichtbare in Form offenbart wird; Du hast es dein Leben lang getan. Der Geist kann gar nicht anders, als sich in der Form zu offenbaren, wie er genutzt wird.

Deshalb brauchst du nicht Vertrauen zu üben in deine Fähigkeit, Wunder zu wirken, denn wenn du nur genügend Vertrauen anwendest, dein Bewußtsein zu einer höheren Ebene zu erheben, werden die Wunder für sich selbst sorgen. Sie werden nicht als ein Resultat menschlichen Denkens geschehen, sondern als ein spontanes Resultat von Christus-ähnlichem Sein. Du könntest die Wunder nicht leichter abstellen, als du dein Leben abstellen könntest.

Während du lernst, mich an die erste Stelle zu setzen, ein Ziel zu haben und nur eines - nämlich dasjenige, aufwärts zu streben zu der Ebene, auf der mein Wille in dir geschehen kann - werden sich alle äußeren Begrenzungen natürlich auflösen, nicht weil du versuchst, sie zu verändern, sondern einfach weil du *bist*.

Wenn du versucht hast, eine Krankheit oder eine Unvollkommenheit in deinem physischen Körper zu heilen, vergiß diese Anstrengung und sei in Frieden. Ignoriere diesen Schein so gut du kannst und lehne dich singend in meine Arme zurück. Die Heilung wird spontan erfolgen, während sich dein Bewußtsein aufwärts richtet, um den Rand meines Bewußtseins zu berühren.

Kommet in dieser Weise alle zu mir, die ihr mühselig und beladen seid, und Ich will euch erquicken.
Auf den höheren Bewußtseinsebenen ist

keine geistige Anstrengung erforderlich, um zu erkennen, daß Unvollkommenheit nichts anderes ist als das Gewebe der Miß-Gestaltung, das vor mein Licht gehalten wird.

Nur unter Anwendung von großem und mächtigem Vertrauen, kannst du deinen Verstand auf mich richten und lernen, ihn dort zu halten. Der begrenzte Glaube an menschliche Unterschiede, an dem du Teil hattest, war ein selbstauferlegtes Kreuz, das du nicht hättest tragen müssen. Du kannst dieses Kreuz in den Wind schlagen und endlich aufstehen und mein Königreich ohne die „dunkle Brille" vor deinen Augen sehen.

Wenn du ein unerschütterliches Vertrauen hast, daß der Geist in dir allwissend ist, und daß er wirklich mit dem Geist des Christus eins ist, wirst du herausfinden, daß du in der Freiheit meiner Gnade lebst. Sei für das Erwachen dieses inneren Geistes stets offen.

Wenn du Vertrauen hast in alle Versprechen, die Ich dir gab, wirst du auf dem mächtigen Felsen verankert sein, auf dem festen Fundament, das nicht bewegt werden kann. Dann wird deine Seele aus dem Zentrum deines Seins hervortreten, um über den Körpertempel als „Herr der Herrscher" und „König der Könige" zu herrschen. Dies ist die Art Vertrauen, die schnell in den langgesuchten

Zustand bewußten Wissens hineinwächst. Es besteht natürlich ein unbeschreiblicher Unterschied darin, mich zu kennen oder über mich zu wissen. Das wirst du in Kürze erfahren, wenn du deine Anstrengungen, lichtwärts zu leben, weiterführst.

Vertrauen, daß du mit mir Eins sein kannst, ist der wahre Magnetismus, der dich durch das „Tor zur Unendlichkeit" ziehen wird, und der dich veranlaßt, mich voll zu erkennen.

X.
DIE VÖLLIGE STILLE

Nachdem du einen Zustand völliger Stille erreicht hast, kommt mein Heiliger Geist über dich, um dich durch das Tor im Verstand emporzuheben. Dafür mußt du dich in das Heiligtum deines Bewußtseins zurückziehen und mich solange im Geheimen anbeten, bis Ich dich offen belohne.

Deine Anstrengungen müssen in der Zurückgezogenheit dieses Heiligtums durchgeführt werden, in Ruhe und Zuversicht. Die Flamme der Begeisterung, die die Wahrheit in dir entzündet hat, sollte nicht in leerem Geschwätz oder in Anstrengungen, deine Freunde und Verwandten zu bekehren, oder in Versuchen, die großartige Christus-Botschaft zu lehren, aufgelöst werden. Diese Flamme der Begeisterung ist ein mir gehörendes, kostbares Feuer, das Feuer der Reinigung, und sie ist da, ihre reinigende Arbeit in dir auszuführen, während du sie in der Stille stärkst, hegst und ernährst. Mein Feuer ist nicht da, damit du dich so spirituell fühlst, daß du deine Begeisterung, im Namen des Dienstes, neu ausrichtest und in die religiösen Überzeugungen deiner Brüder eingreifst. Die einzige Person, für deren Veränderung du verantwortlich bist, bist du selbst. Es zeugt von einem völligen Mangel an Demut, wenn du einen Blick auf die Wahrheit wirfst und ohne zu warten, bis du sie verarbeitet hast oder klar verstehst, hingehst und sie überall verbreitest, in der Hoffnung, alle mögen sich vor deinem Wissen verneigen.

Verfalle nicht der Täuschung, ein derartig falscher Lehrer zu werden. Deine Falschheit wird erkannt werden, denn halb gelernte Wahrheit neigt dazu, im Bereich menschlicher Vernunft zu verbleiben. Sie vermischt Gut und Böse und rechtfertigt ihren falschen Gott, den Gott, der nicht GOTT genug war, vollkommene Kinder zu erschaffen.

Du willst doch nicht einer dieser blinden Lehrer sein, der im selben großen Kreis herumläuft wie die Herde und denken, du seiest jemand Besonderer, weil du eine Art „Extra-Draht" hast.

Die Lehrer meiner Wahrheit müssen genug Demut aufbringen, sich völlig auf meine Kraft zu stützen und in ihrem Heiligtum zu bleiben, bis Ich die Tür öffne.

Auch kannst du keinen Zustand völliger Stille erreichen, in dem wahrhaftes Vertrauen die Führung übernimmt, wenn andere überall um dich herum für ihre eigenen falschen Götter der Unvollkommenheit wer-

ben. Schließe diese Geräusche aus der Zurückgezogenheit deines Heiligtums aus und
höre nur auf die Worte derjenigen, die den
einen vollkommenen Gott entdeckt haben.

Überall werden falsche Lehrer durch ihre eigenen Missetaten gedemütigt werden, bis
am Ende alle von der vollkommenen Welt erfahren, die Ich schuf und von den vollkommenen Kindern, die Ich so sehr liebe, daß
Ich sehnsüchtig darauf warte, jedes Einzelne in meine Arme zu schließen. Die strahlende Energie meines Geistes zeigt keine
Parteilichkeit. Sie durchströmt alle. Sie wartet darauf, den schwärzesten Sünder zusammen mit dem reinsten Heiligen zu erhöhen,
sobald Hingabe in ihren Herzen ist.

Es ist niemals weise, persönliche Notizen
über die Schritte deiner Entwicklung zu ver-
gleichen oder zu versuchen, irgendjeman-
den zu beeindrucken, indem du dich deiner
geistigen Leistungen oder spirituellen
Kräfte rühmst. Dieses Drängen, dein Ego zu
befriedigen, wird deine geistige Seite überhaupt nicht zeigen; es wird nur ein sicheres
Zeichen dafür sein, wie weit du von dem erforderlichen Zustand demütiger Stille entfernt bist.

Das Ergeben in diese demütige Stille wird
der letzte Schritt sein, um den Blitz-Strahl zu

ermöglichen, den Ich senden werde, dich zu befreien. Dein gequältes Herz kann überhaupt nicht still werden, ohne deinen vorbehaltlosen Glauben, daß Ich ein Vater bin, der nur vergibt. Sogar die Fehler deines Oberflächen-Verstandes reichen nicht aus, meinen all-mächtigen Geist davon abzuhalten, dich durch das Tor zur Freiheit zu führen.

Sowie du studierst und glaubst, betest und meditierst, werden große Schritte unternommen, alle alten Ängste zu beseitigen und den Aufruhr im Reservoir deines Herzens zur Ruhe zu bringen. Wenn dieser Aufruhr beruhigt ist, wirst du in einen Zustand vollkommenen Friedens verwandelt werden. Denn der Friede, der über alles Verstehen hinausgeht, ist einer der vielen Schätze, die in deinem unterbewußten Verstand begraben sind. Er kann leicht befreit werden und sich in deinem ganzen Tempel widerspiegeln.

Wenn du lernst, diese Friedlichkeit zu berühren, indem du bei jeder Gelegenheit in Meditation zu ihr zurückkehrst, wird sie nach und nach zu einem Teil des Oberflächen-Verstandes werden, und du kannst ihre Gegenwart Tag und Nacht genießen. Sowie sie mehr und mehr aus dem tiefen Brunnen deiner Seele freigesetzt wird, wirst du die hohe Bewußtseinsebene erreichen, auf der nichts die Gelassenheit deines Seins verstimmen kann. In dieser völligen Stille kannst du dann letztendlich von meiner noch leisen inneren Stimme geführt werden.

Diese innere Stimme ist eine Schwingung deines Vater-Bewußtseins, das Weisheits-Zentrum deines *Großen Kosmischen Selbst*. Aus diesem Grunde spricht sie nicht mit Worten zu dir, die von deinen Ohren gehört werden sollten; es ist eine Stimme, die gefühlt werden muß, eine Schwingung, die entzückend und unmißverständlich ist, wie die Musik aus den Sphären.

Die Tatsache, daß meine Stimme gefühlt, nicht gehört werden muß, mag zuerst enttäuschend erscheinen, wenn du gelegentlich versucht hast, meine innere Führung zu spüren, und du unfähig gewesen bist, sie von der Verwirrung des Ego zu unterscheiden. Diese Schwierigkeit ist aufgekommen, da du Verstand und Körper nicht als Einheit behandelt hast, und da negative Emotionen deinen Bewußtseinszustand betäubt haben und damit auch deine Empfänglichkeit für die zarten, verfeinerten Schwingungen des Geistes.

Hier ist ein weiterer Grund für die völlige Stille. Du kannst durch wiederholte, glaubenserfüllte Praxis deine Empfänglichkeit neu schärfen, bis zu dem Punkt, wo meine Stimme wirklich in deinem Oberflächen-Verstand schwingt, wie ein herrlicher Musikton, bis sie laut und klar erklingt und keinen einzigen Zweifel übrigläßt, daß du ihre Botschaft mit unmißverständlicher Genauigkeit gehört hast.

Ungeachtet des Ausmaßes, mit dem sich Lärm aus dem Oberflächen-Verstand in deine Fähigkeit zu „hören" einmischt, versucht deine noch leise Stimme - diese liebende Vater-Mutter-Stimme - stets, dich mit ihrem all-umfassenden Wissen aus schwierigen Situationen zu retten.

Genau wie dein Körper fähig ist, sich durch die Vielfalt der Sinne vieler Dinge gleichzeitig bewußt zu sein, so ist sich dein verdeckter Verstand mit seinen unbegrenzten Fähigkeiten alles Sichtbaren und Unsichtbaren bewußt, des Verborgenen und des Offensichtlichen, der Zukunft und der Vergangenheit, und er kann dir dieses volle Gewahrsein mit einer Geschwindigkeit verleihen, die für das menschliche Bewußtsein unglaublich ist.

Dieses innere Weisheits-Zentrum ist dein persönlicher geheimer Ort, der geheime Ort des Allerhöchsten, und wenn du dir seiner völlig bewußt werden und im Schatten seines allmächtigen Schutzes wohnen willst, mußt du bloß still sein – ganz, ganz, ganz still – und die lang verlorene Kunst des "Horchens" üben.

Üben ist, wie du sehr wohl weißt, die Antwort auf alles, was schwer erscheint. Der Maler würde seine Fertigkeit nie ohne Übung erlernen. Der Schwimmer mag zum Meister werden, doch nicht ohne fortwährende Übung. Des Zimmermann's Haus mag nicht perfekt sein, wenn es das erste Haus ist, das er gebaut hat. Sogar der Bauer mit seinem kleinen Tomatenfeld kann saftigere Tomaten ziehen, nachdem er die Erfahrung seiner ersten Versuche gewonnen hat.

Wenn du früher versucht hast, meine innere Führung zu bekommen, hast du damals vielleicht ohne viel Hoffnung einmal oder zweimal hingehört und dann zweifelnd aufgegeben? Wenn dem so ist, ist Übung die Antwort, anhaltende Übung, die in kürzester Zeit zu einer erfüllenden Gewohnheit werden kann.

Viele Veränderungen werden in dir sichtbar, sobald diese Gewohnheit gefestigt ist. Du wirst eine große Belebung geistiger Tätigkeit wahrnehmen, eine Klarheit und Beschleunigung deiner Denkfähigkeit, eine bessere Urteilsschärfe, eine Verstärkung der Vorstellungskraft. Dies werden innere Veränderungen sein; deine äußeren Aktivitäten werden abnehmen, während deine inneren Aktivitäten sich verstärken.

Du wirst in einen mitreißenden Rausch wirklichen Denkens hineingleiten, ein müheloses Denken origineller Gedanken, nicht bloß ein Wiederaufwärmen alter Ideen, die sich in deinem Verstand angehäuft haben. Einige wenige kreative oder erfinderische Personen haben diesen Rausch kreativen Denkens in einem kleinen Ausmaß erlebt. Er könnte von jedermann erlebt werden bis zu einem Grad, der über jede Vorstellung hinausgeht.

Sei für immer bereit, Führung aus äußeren Quellen zurückzuweisen und horche in völliger Stille auf deine eigene leise Stimme. Sie ist dein einziger, wahrer, persönlicher Führer in jeder Situation.

Wenn du deine aufgeregten Gefühle nicht genügend beruhigen kannst, um still zu sein und zu horchen, so kannst du, während du übst, beten, daß Ich dir helfe. Denke an den wunderbaren Frieden, der durch das Verstehen über dich kommt, und lasse dein Gebet ein Versuch werden, diesen inneren Frieden zu erfassen. Du magst weit davon entfernt sein, ihn zu erleben, doch egal wie aufgewühlt du dich fühlst, du kannst diese Aufregung auf dem Altar deines Herzens opfern und deinen Verstand auf das innere himmlische Königreich gerichtet halten, bis Friede beginnt, die Aufregung auszuschalten.

Ebenso wird dich das Gebet auch von innerem Zweifel befreien, wenn du nicht sicher bist, ob es meine Stimme ist, die du hörst, wenn du still bist. Du kannst beten, meine Stimme zu erkennen, und während du das tust, wird deine Empfänglichkeit erhöht, bis du mit diesem wunderbaren Licht der Weisheit gut vertraut bist.

Du wirst bald verstehen, daß das Wesen deiner noch leisen Stimme zwei Aspekte hat: Wenn du abirrst, leitet sie dich auf ebenso verläßliche Weise um, wie sie dich sonst stetig führt.

In ihrer Rolle als "Um-Leiter" erkennst du sie als dein Gewissen. Da du den Stich des Gewissens schon gespürt hast, ist es offensichtlich, daß deine noch leise Stimme leichter zu vernehmen ist, als du gedacht haben magst. Es ist nicht zu leugnen, daß das Gewissen eine durchdringende Schwingung ist, die außer Reichweite des eigensinnigen Oberflächen-Verstandes entspringt und dich mit größerer Strenge "züchtigen" kann, als dein irdischer Vater dich sogar in seiner zornigsten Stimmung strafte. Du mußt auch nie raten, was es sagt. Du weißt immer, wieso dein Gewissen "schmerzt", nicht wahr?

Die Stimme des Gewissens ist kein Diktator, von dem du dich versklavt fühlen mußt. Sie ist ein zarter, führender Freund. Sie hält dich an der Hand, während du lernst, mit mir zu gehen. Verfehlst du einen einzigen Schritt, zupft sie sozusagen an deinem Ärmel, um dich auf den "schmalen Pfad" zurückzuführen.

Du brauchst dich ihr bloß zuzuwenden, ihr zu vertrauen, ihr zu gehorchen und sie zu lieben, und deine Empfänglichkeit wird sich verstärken, bis du nie mehr zu zweifeln brauchst, daß meine Weisheit dich unfehlbar leitet. Das Gewissen verdammt dich nicht für die Fehler, die dir unterlaufen; es hilft dir bloß, den Weg wiederzufinden. Bedanke dich für dieses meisterhafte Licht der Weisheit aus meinem Verstand, und beobachte, wie sein Wert für dich zunimmt.

In ihrem anderen Aspekt, dem der Intuition, vermag die noch leise Stimme dich aufwärts zu ziehen, wie das süßeste, verlockendste Lied. Auch hier wird deine Empfänglichkeit für sie stark erhöht werden, wenn du begreifst, daß Intuition dein Vater-Mutter-Verstand in Kommunikation mit dir ist. Es kann jedoch sein, daß dieser Aspekt deiner noch leisen Stimme nicht so leicht vernommen werden kann, wie die stechende Stimme des Gewissens. Vielleicht mußt du absolut still sein, bis du deine eigenen Zellen singen hörst, bevor du die Schwingung der Intuition und die in ihr verkörperte Botschaft deutlich vernehmen kannst.

Sei ganz still und übe das Horchen. Frag mich irgendetwas, was du wissen möchtest, und warte dann in Stille und beobachte sorgfältig deine Gedanken. Verspanne dich nicht und unternimm keine Anstrengungen, sitze nur still da und laß mein zusammenhängendes Licht durch die erschöpften Gehirnzellen deines Oberflächen-Verstandes hindurchströmen.

Die Stimme der Intuition wird aus den Tiefen dieser völligen Stille hervorspringen, wie ein Musikton, und du wirst ihre Botschaft unverkennbar vernehmen, so klar verständlich wie die Botschaft deines Gewissens. Sie wird dich nicht nur zu immer kreativem Denken anleiten, sie wird deine Quelle der Wahrheit sein, und du wirst wissen, was du glaubst und was du tun möchtest, ohne zu wissen, wieso du es weißt.
Mit Hilfe der Intuition wird der Oberflächen-Verstand zu der klaren Erkenntnis ge-

langen, welche hoffnungslose Aufgabe er unternahm mit dem Versuch, die Lebensangelegenheiten ohne den allwissenden Geist zu verwalten. Dann sollte er sich erfreut meinem Willen ergeben.

Wenn das menschliche Selbst bereit ist, seine Torheit, seine äußerste Unfähigkeit, eine einzige Sache ohne mich zu tun, zuzugeben, so ist die Bewußtseinsebene erreicht, in der die Wiedervereinigung stattfinden kann. Solange jenes falsch angebrachte Bewußtseinszentrum das "Denkzentrum" sein will, unterwerfe Ich es nicht mit Zwang oder Gewalt. Doch wenn es lange genug still ist, um die intuitive Stimme der Wahrheit zu hören und die Heirat mit dem Vater-Bewußtsein sucht, wird die mystische Vereinigung stattfinden.

"Aus mir selbst kann ich nichts tun", wird die Haltung des Oberflächen-Verstandes heißen, der die Anstrengung, sich selbst zu verherrlichen, aufgibt, und er lädt den Christus im Inneren ein, ihn zu benutzen – anstatt zu versuchen, selbst den Christus zu benutzen. "Nicht mein Wille, sondern der Deine geschehe."

Stille kann wirklich Stille sein, wenn der Verstand losläßt und vor jenem Tor "auf den Herrn wartet".

Der Tag wird kommen, an dem das Tor geöffnet und die Schwelle wiederholt überschritten wird. Manchmal mag das Geschehen durch eine Spur von Zweifeln vereitelt werden, durch die Abwesenheit von Demut oder durch ein Ausbrechen des Ego, das vergißt, daß es sich ergeben hat. Doch kann es durch Stille, Vertrauen und Zuversicht wiedergewonnen werden.

Das menschliche Ego, das wie ein Kind an jenem mächtigen Tor stolpert und sich meinem Willen vollständig ergibt, ist für meinen Blitz-Strahl bereit.

XI.
DER BLITZ-STRAHL

"So wie der Blitz, der von der einen Seite unterhalb des Himmels aufleuchtet und die andere Seite unterhalb des Himmels erhellt,
wird auch der Menschensohn an seinem
Tag sein." Dein Freund Jesus meinte, als er
dies sagte, daß, wenn der Tag gekommen ist,
der Stoff deines Körpers von einem Ende
zum andern mit einem Licht entzündet werden wird, das sich genauso schnell wie der
Blitz von einer Seite des Himmels zur andern bewegt.
Ich schleiche mich an dich heran wie ein
Blitz in deinem Bewußtsein, und du weißt
nicht, zu welcher Zeit du mich erwarten
sollst. Wenn Ich komme, siehe, komme Ich
schnell – und Ich bringe deine Belohnung
mit.

Die Eisenstäbe, die dich als Gefangener der
Miß-Gestaltung festhielten, schmelzen vor
meiner brennenden Flamme, und du
schaust durch jenes geöffnete Tor in deinem
Inneren und weidest deine hungrigen Augen an meinem himmlischen Königreich. Ja,
endlich weißt du, daß du wirklich das "Tor
zur Unendlichkeit" bist! Der Schleier des
Unglaubens, der deinen Oberflächen-Verstand von deinem verdeckten Bewußtsein

trennte, ist heruntergerissen, und du wirst nie wieder wie eine hilflose Fliege im Gewebe der Miß-Gestaltung verstrickt sein.

"Empfanget den Heiligen Geist", sagte Jesus, und wenn du fortfährst zu glauben, daß sogar du mit all deinen Fehlern ihn empfangen kannst, da Ich alle liebe, wirst du innerhalb eines Augenblickes von Sterblichkeit in Unsterblichkeit verwandelt werden.

Und du wirst in voller Verwirklichung wissen, daß Ich in der Tat ein Gott der Liebe und des Lichtes bin, durch den die verdunkelnde Unvollkommenheit der Miß-Gestaltung ausgelöscht wird. Das letzte und größte Übel, das von meinem kostbaren Planeten Erde weggeräumt werden muß, ist 'Satans' Übel, der Tod. Der Tod war nie, und er wird nie der Weg sein, auf dem Ich meine Kinder heimrufe. Die Tatsache, die Jesus lehrte, daß Tod ein Übel sei, das überkommen werden muß, ist zu lange mißachtet worden.

Euer größter Lehrer sprach nicht ein einziges Wort aus, das keine Aufmerksamkeit verdient. Ihr dürft nicht weiterhin seine höchsten, äußerst 'unvernünftigen' Lehren unbeachtet lassen, wenn ihr seine Wahrheit ausreichend anwenden wollt. Die Vision, die er zeichnete, ist wirklich und, wenn sie einmal verstanden wurde, für den Oberflächen-Verstand erreichbar.

Meditiere über die Dinge, die er in Bezug auf Leben und Tod sagte. Eines dieser Worte war: "Wahrlich, wahrlich, Ich sage euch, wenn ein Mensch mein Wort hält, wird er den Tod nie sehen."

Könnte es ein deutlicheres Wort geben?

Es ist wahr, daß das Leben ewig währt, egal wie oft der Körper stirbt. Es ist wahr, daß die Seele weiterlebt und sich einen neuen Körper erschafft. Doch es ist auch wahr, daß die Seele mit Weisheit ausgestattet ist; sie weiß, daß der Tod des Körpers nicht in Harmonie mit meinem universellen Gesetz des Lebens ist. Dies ist der Grund, wieso der Tod einen üblen Beigeschmack für meine erdgebundenen Kinder hat. Deine Seele weiß, daß das der Weg der Erd-Gläubigen ist. Sie sehnt sich danach, durch die Schwingung des Christus-Bewußtseins erhoben zu werden, damit sie auf dem Weg der Heiligen reisen kann. Um diesen hohen Weg zu schreiten, braucht sie einen Körper, der die zerstörerischen Erdschwingungen überwindet, und der in Licht verwandelt ist.

Tod ist der Weg der Trennung; er ist nicht der Weg der Einheit. Mag der Tod auch in seltenen Fällen für seine Opfer schmerzlos und leicht sein, so ist er doch niemals schmerzlos und leicht für die geliebten Hinterbliebenen. Dies ist so, weil ich alle meine Kinder schuf, damit sie in Liebe zusammen sind, damit sie im Geist zusammen sind und nicht, damit sie durch unbekannte, universelle Weite getrennt sind. Obschon du fähig warst, den Kosmos zu durchstreifen, als du ihn in Form des Paradieses kanntest, warst du auch fähig, in Gedankengeschwindigkeit bei einem Geliebten körperlich anwesend zu sein, wann immer dein Herz es sich wünschte. Der Tod widerspricht diesem vollkommenen Gesetz der Nicht-Trennung, das alle überaus frei ausübten, bevor die Grundlagen der Erde gelegt waren. Durch den Tod seid ihr nicht nur physisch, sondern auch geistig außer Kontakt. Er ist unzweifelhaft der leidvolle Weg der Trennung. Ich hätte niemals eines meiner geliebten Kinder bestraft, indem Ich es auf den Weg des Leidens gesetzt hätte. Der Tod trat zusammen mit anderen unglücklichen Erfahrungen ins Dasein, als ein Resultat eures Fehldenkens.

Er wird aus dem Dasein verschwinden, sobald jeder von euch lernt, mir sein begrenztes Selbst hinzugeben. Der Tod wird durch die Wahrheit überwunden werden.

Viele haben geistige Folter erlitten aus dem barbarischen Glauben heraus, daß Sünder,

142

die sterben, für immer in ewigen Feuerseen bestraft würden. Diese falsche Auslegung der biblischen Lehren muß aus deinem Bewußtsein ausgeschlossen werden, bevor du den so wichtigen Zustand völliger Stille erreichen kannst.

Die Symbolik des Höllenfeuers war ein Weg, euch mitzuteilen, daß der Oberflächen-Verstand in der Tat in selbstauferlegter Folter schmort, solange er Glauben in eine Mischung von Gut und Böse investiert. Die Hölle ist deshalb genau so sicher in dir wie der Himmel es ist. Die Hölle ist das Reich des unabhängigen Oberflächen-Verstandes, die Ebene im Bewußtsein, in der alle verweilen, bevor sie das "Tor zur Unendlichkeit" entdecken und betreten. Die Hölle ist auf deiner Seite jenes Tores, der Himmel ist auf meiner Seite.

Wenn der Tod kommt, löst er die Schwerkraft auf und befreit die Seele vorübergehend von der Erde. Doch er verändert die Bewußtseinsschwingung der menschlichen Ebene nicht. Es gibt kein Entrinnen aus deiner eigenen Schwingung, außer durch angewandte Veränderung der Gedanken und Gefühle.

Der Tod veranlaßt auch nicht, daß das freigesetzte Bewußtsein direkt in himmlische

Ebenen übergeht. Wenn das Bewußtsein den Körper verläßt, sucht es automatisch seine eigene Schwingungsebene innerhalb der Ebenen der psychischen Bereiche, die verständnismäßig den irdischen Ebenen vergleichbar sind.

Die psychischen Bereiche sind noch ein Teil des Gewebes der Miß-Gestaltung, denn hier warten entkörperte Seelen auf ihre Chance, einen neuen Körper anzunehmen und somit für eine neue Lebensspanne zur Erde zurückzukehren, eine weitere Gelegenheit, das wunderbare Gesetz des Lebens zu erfüllen, das Gesetz, das dem eintönigen Leben-und-Tod-Zyklus ein Ende bereitet. Wie du bemerken wirst, wenn du dich selbst und andere beobachtest, verändert sich das Bewußtsein langsam. Dies ist der Fall, wenn das Bewußtsein verkörpert oder entkörpert ist. Ein Bewußtsein kommt nicht automatisch in ein höheres Verstehen meiner Wahrheit hinein, nur weil es seinen Körper verlassen hat. Manchmal kann es belehrt werden. In anderen Fällen mag es neuen Ideen gegenüber ebenso verschlossen sein wie es auf Erden war. Würde die heilige Saat des Lebens in psychischen Bereichen verstanden, so gäbe es keine Notwendigkeit für diese Bereiche zwischen den Leben, denn dann würden alle darin befindlichen Seelen in die himmlische Pracht weiterziehen. Unglücklicherweise sind diese vielen Seelen durch emotionale Ketten an die Erde gebunden. Diese Ketten ziehen sie wieder zur Erde zurück. Die Seelen kommen dann erfrischt wieder, erneuert und ausgeruht, mit eifrigem kindlichem Verstand, der von der Wahrheit geformt werden kann, wenn sie den weltlichen Falschlehren widerstehen. Jede Lebensspanne ist ein neuer Anfang, eine neue Gelegenheit, mit Licht gesalbt zu werden und sich über die Falle des Todes zu erheben.

Jeder Tag in jedem Leben ist in der Tat ein Neubeginn.
Wenn du den Christus in dir erfüllt sehen willst, ergreife die Botschaft des Christus, liebe sie, erweitere sie, *lebe sie,* bete, daß Ich sie in deinem Oberflächen-Verstand bestätige. Du wirst meine Berührung klar und unmißverständlich empfangen, sobald das Licht des Christus in dir zu glühen beginnt und zu einer neuen, warmen, erquickenden inneren Gegenwart wird. Du wirst ohne jeden Zweifel wissen, daß ich auf dem ganzen Weg bei dir bin.

Wenn du dann lernst, mich an die erste Stelle zu setzen, über alle Dinge, und dich meinem Willen ohne den mindesten Vorbehalt ergibst, wird dein Christus-Licht jede Minute und jeden Tag zunehmen. Du wirst der Tomate gleichen und an der Rebe stetig zu deiner Reife hin wachsen.

Wie bei der Tomate wird der Moment kommen, an dem du einen vollkommenen Reifezustand erreicht haben wirst. Du bist bereit, "gepflückt" zu werden.

Dies ist der Zeitpunkt, an dem du, wie Jesus es ausdrückte, wie ein Blitz sein wirst, der von der einen Seite unterhalb des Himmels aufleuchtet und die andere Seite unterhalb des Himmels erhellt. Mit anderen Worten: Bevor dein Oberflächen-Verstand sich dessen bewußt wird, ist dein ganzer Körper bereits mit Licht erfüllt, und der Schleier, der deinen Oberflächen-Verstand von dem unbegrenzten Reich jenseits des Tores trennt, wird mit der Geschwindigkeit eines Blitzes entzweigerissen.

Die Wahrheit hat dich befreit, und du bist in der Tat frei!

Viele meiner Kinder haben sich danach gesehnt, die Taten Gottes zu vollbringen, ohne gewillt zu sein, ihren Verstand zu läutern und dieser Taten würdig zu werden. Andere haben geglaubt, sie seien bereits rein und weigerten sich, ihre eigenen schlechten Gewohnheiten zuzugeben. Doch alle haben gesündigt und sich meiner Herrlichkeit entzo-

gen. Jeder einzelne muß seine selbstver-
herrlichenden Gewohnheiten aufgeben
oder beten, von ihnen befreit zu werden, bevor der Glanz des Christus für alle auf Erden
sichtbar enthüllt werden kann. Jeder muß
meinen Stab der Wahrheit aufnehmen und
ihn in jedem Wort und in jeder Tat leben, bevor mein Blitz-Strahl einschlagen kann. Jeder muß bereuen und durch die Erneuerung seines Verstandes verwandelt werden.

Wenn du meine Gebote hältst, bin Ich verpflichtet, doch wenn du meine Gebote nicht
hältst, gehört dir kein Versprechen.

Lebe die drei großen Eigenschaften und
trage sie wie ein Kleid aus Licht. Durch sie
kann dein Verstand erneuert, dein Herz rein
werden. Durch die Übung dieser Eigenschaften kannst du zur unmittelbaren Erfor-
schung meiner vielen, vielen Mysterien geleitet werden.

"Wer ist fähig, die Wunder des Herrn zu deuten?" sang der Schreiber der Oden. "Denn
derjenige, der deuten könnte, würde aufgelöst und zu dem werden, das gedeutet wird."

Auch du kannst so schnell wie ein Blitz-
Strahl aufgelöst und zum Christus-Licht
werden, das du durch mein wunderbares
Wort der Wahrheit zu deuten lernst.

"Denn derjenige, der mit Ihm vereint ist, der unsterblich ist, wird selbst auch unsterblich werden."

XII.
DAS TOR ZUR UNENDLICHKEIT

Vor dir befindet sich ein Tor und die Schlüssel, mit denen es geöffnet werden kann, sind dir überreicht worden.

Meine noch leise Stimme ist da, um dich zu führen, dich zu trösten und zu ermutigen, um dich an der Hand zu halten.

Vertrauen ist deine magnetische Kraft und Gebet erleuchtet deinen Weg.

Das Verwerfen allen beschränkten Glaubens an menschliche Unterschiede bewahrt dich davor, von falschen Ideen, denen du entwachsen bist, niedergedrückt zu werden.

Die Weigerung, nach dem Schein zu urteilen, bewahrt dich davor, das Vertrauen in mein allgegenwärtiges, vollkommenes Wesen zu verlieren.

Die Begeisterung entzündet in dir die Feuer der Reinigung.
Die völlige Stille erhält deine Lebenskraft und verursacht, daß sie die Schwingung deines Bewußtseins beschleunigt und die Chemie deiner Zellen vergeistigt.

Hingabe offenbart Demut und Bereitwillig-
keit, dich auf meine Weisheit und meine
Kraft zu stützen.

Mein Blitz-Strahl wird dir zeigen, wann die
Zweite Geburt stattgefunden hat.

Geh mit mir direkt durch jenes Tor und ver-
folge mit Frohlocken, wie dein Menschsein
aufgelöst wird. Wenn dies geschehen ist,
wirst du zurückblicken und entdecken, daß
das "Tor" niemals existiert hat – es war bloß
ein falscher Glaube, der Teil von dir geworden war, der irrige alte Glaube, daß du von
deinem Schöpfer getrennt seist. Das Tor
wurde nicht von mir dorthin gesetzt; du hast
es selbst errichtet und deshalb war es unwirklich. Jetzt ist das jedoch ohne Bedeutung, denn du bist innerhalb meines
himmmlischen Königreiches und Alles erwartet dich.

Alles heißt nicht viele Dinge, es ist *Eins*.

Alles ist Liebe.

Liebe. Liebe, wie du sie nie kanntest oder sie
dir nie vorstelltest. Liebe, die einzige wahre
Kraft in der gesamten Schöpfung, das Licht,
aus dem alle Dinge gemacht wurden, die
bindende Macht, die alles zusammenhält.
Liebe. Die wahrhaftige Gottes-Liebe, von

der Ich versprach, daß sie durch die Herzen der Menschen verbreitet würde. Liebe, über alle Maßen im Fluß der Lebensfülle konzentriert. Liebe, die unbeschreiblichste, alles-durchdringende Schwingung, die existiert.

Liebe enthält alle geläuterten Eigenschaften von Verstand und Herz, so wie Weiß alle Farben des Spektrums enthält.

Liebe enthält Alles.

Ebenso wie es keine wirkliche trennende Barriere gibt zwischen deinem menschlichen Selbst und deinem *Großen Kosmischen Selbst,* gibt es auch keine wirkliche trennende Barriere zwischen deiner menschlichen Liebe und deiner Christus-Liebe. Christus-Liebe ist menschliche Liebe tausendfach, zehntausendfach, millionenfach vervielfältigt.

Menschliche Liebe ist begrenzt, doch Christus-Liebe ist unendlich.

Menschliche Liebe kann verschmutzt werden, sie kann selbstsüchtig und besitzergreifend sein. Sie versucht, ebenso zu bekommen wie zu geben. Sie kann geheuchelt oder vorgetäuscht sein. Christus-Liebe ist stets rein. Sie kann nicht auf menschliche Art und Weise berührt werden. Es ist unmöglich, sie vorzutäuschen. Christus-Liebe verändert jedes empfängliche Ding, das sie berührt, von Unvollkommenheit zu Vollkommenheit. Sie sucht nichts für sich selbst.

Diese große Gottes-Liebe ist die Belohnung für alle, die die vermischten Gedankengewohnheiten der Erde überwinden. Sie ist die Belohnung, die Ich verspreche mitzubringen, wenn Ich dich durch jenes unwirkliche Tor geleite. Sie ist der neue Name, den Ich auf deine Stirn schreiben werde. Sie ist deine vollständige Erfüllung des *Lichtes-das-alles-enthält.*

Denn Leben ist Licht und Licht ist Liebe.

Deine Seele ist das Gefäß, das diese Liebe empfangen muß, dein kleines menschliches Selbst würde von ihr zerstört werden. Laß deine Seele hervortreten und LEBEN. Denn was nützt es, wenn ein Mensch die ganze Welt gewinnt und seine eigene Seele verliert?

Komm!

Triff mich jenseits des "Tores zur Unendlichkeit", in meinem zeitlosen Reich des Seins, wo sich alle vollkommenen Eigenschaften deines *Großen Kosmischen Selbst* begegnen und zu einem kostbaren Juwel vereinigen werden – dem kostbaren Juwel der Liebe.